议事的科学

「決め方」の経済学

[日] 坂井丰贵 著

程雨枫 译

后浪出版公司　四川人民出版社

前　言

还记得第一次使用多数决（"少数服从多数"）是在什么时候吗？

是在小学的年级会上，还是更早以前和朋友在路边决定玩什么游戏的时候？不知道是否有人还记得。我记不得了。现在回想起来，我们似乎是在不知不觉间就被灌输了这种集体习惯。

关于多数决，我只记得一件事。那时我上小学5年级，因为和朋友在去理科教室的路上玩闹而被老师狠批了一顿。老师叫我们站到教室前面，让班上同学用多数决的方式决定"他们玩闹是否不对"。结果多数人认为"不对"，于是我们玩闹成了一件错事。当时我感到愤愤不平，甚至觉得身体有些不舒服，后来才发现是贫血，被送到了保健室。

如今我回首往事，有些理解当年愤愤不平的原因了。毕竟有没有打闹属于事实层面的问题，而是否不对则属于对事实的评价。

我和朋友玩闹的确属实，但我们只是在去教室的路上吵闹，没有对他人造成潜在或实质性的危害。退一步讲，目睹我们玩闹的同学们或许有资格判断事情是否属实，让他们用多数决做决定也未尝不可；而至于事情做得是否不对，出于何种原因有多么不对，难道不应先理清道理再得出结论吗？这种时候应该以理服人，而不该少数服从多数。

不过，判断事情是否属实有时也会用到理论，而评判是非出现分歧时或许也会用到多数决。那么话说回来，究竟什么情况适合使用多数决呢？

比如，用多数决决定"大家一起欺负的对象"是不合适的。想必大部分人都会表示赞同，认为这是侵犯人权。设想一伙入侵者跑到你家，告诉你"我们以多数赞成决定这个家归我们所有"，你肯定认为他们脑子有问题，因为这样做侵犯了所有权。

然而，不是所有不合理都显而易见。2002 年，联合国安全理事会 15 个理事国全票通过"第 1441 号决议"，要求无条件和无限制地对伊拉克的大规模杀伤性武器进行核查。这次多数决是否合理？翌年，美英以违反该决议为由对伊拉克发动了进攻。让人意想不到的是，多数决和暴力之间其实并无明显差异。

我们自小便学会了使用多数决，但即使长大后，也没有人教我们如何正确使用这种决策方法。这是一个不可思议的现象。无论会议、选举、股东大会、公寓自治会还是联合国安全理事会，多数决都是决定重要事项的常用手段，但绝大多数人都不会质疑为什么采用多数决。

多数决究竟是否适合统一想法、制定集体决策？不少反对者认为应尊重少数人的意见，可多数决是否就尊重了多数人的意见呢？举一个反面事例。2000 年美国总统选举中，民主党的戈尔原本领先共和党的布什，可第三候选人纳德的参战引起选票分流，给戈尔造成了致命打击，最终使布什逆转获胜。

然而，如果比较戈尔和布什，过半数的投票者支持的都是戈尔。倘若美国总统选举有第二轮投票，戈尔便会赢得大选。入侵伊拉克是布什总统主导的决定，虽然萨达姆政权因此倒台，但最终并未发现大规模杀伤性武器，萨达姆的残余势力还创建了极端武装组织"伊斯兰国"。假如美国总统选举有第二轮投票，事态或许就不会演变至此。可见，决策方法竟能改变历史。

单独一人谈不上什么决策方法。一个人在做决定前固然也有很多要考量和关注的问题，比如计算利益得失、反思自己的道德观，但只要独自开动脑筋，就能解决所有问题。然而，这种方法不适用于两人以上的集体。集体即使争取在所有细节上达成一致，尽可能地汲取少数意见，也未必能得出一个全体成员都赞成的结论。集体在某一时点做出决定的制度，即决策方法。

这是一本用经济学思考决策方法的书。多数决是决策方法的一种。这种方法很常见，但如果选项有三个以上，结果就很容易受到选票分流的影响。多数决有很多优化方案和替代方案。优化方案之一是二轮决选，替代方案之一是"第 1 位计 3 分，第 2 位计 2 分，第 3 位计 1 分"的计分制。

要问本书哪里应用了经济学，答案是看待决策方法的视角。

正如经济学将市场视为把人类需求、生产能力等信息综合起来进行资源分配的函数，本书将决策方法视为把人们的想法作为信息综合起来制定集体决策的函数。这种将制度视为函数的视角来源于经济学。不过，阅读本书不需要读者具备经济学甚至数学知识。书中本就没有多少经济学的内容，除部分计算之外，只会偶尔出现小学二年级学生都能看懂的加法和乘法。

不过，本书在展开论点的过程中，会用到很多经济学数理模型推导出的定理。定理的好处在于有根有据。凭空讨论哪种选举方式最好，就容易陷入主观意识形态的对立。但只要有定理，就有了客观依据。笔者并非藐视主观，只是想通过尽可能客观的讨论挖掘主观对立的所在。决策方法很适合用数理模型讨论。原因很简单：决策方法和数字密切相关，例如过半数的51%、修宪需要参众两院三分之二以上的同意等。这和讨论价格、数量等数字的经济学适合使用数理模型的道理相同。

我是一名研究决策方法这一政治事项的经济学者。或许因为我的思路偏经济学，所以不喜欢浪费。比如说，大好的星期日专程到选举投票站投票，却只能在选票上填写一个人的名字，在我看来实在有些浪费。

选择政治家时，可否废除只能填写一个候选人名字的制度，让选民同时表明自己心中的第一、第二甚至第三位？计票方法也可以淘汰简单的多数决。尝试采用"第1位计3分，第2位计2分，第

3 位计 1 分"的计分制,这样不仅能显著减少投给落选者的票,还能避免主要的竞争对手两败俱伤而支持率低的候选人当选的局面。

市场结构日新月异,不断优化。无论是金融证券交易所、生鲜食品竞拍市场还是普通人进行交易的线上拍卖,市场的详尽规则都在引导公平竞争和高效交易。

与此相对,**循规蹈矩的日本选举采用的一律是简单的多数决。而事实上还有很多更好的决策方法。**那么为什么不采用更好的决策方法?原因有二:其一,很多决策方法尚未得到普及;其二,对于从现行多数决选举中选出来的执政党的国会议员而言,改变这个把自己选出来的选举制度没有任何好处。有用的知识得不到普及和应用,实属浪费。

在选举以外的场合,如公寓自治会、董事会、教授会等其他各种会议上,使用次数最多的恐怕还是多数决。但是,这种决策方法能否很好地汲取民意?归根结底,"很好地汲取民意"指的又是什么?要把这个问题弄明白,需要用到相应的学问。

我根据社会选择理论(social choice theory),用真枪实弹的数理分析对决策方法进行了一次彻底调查。本书便以该调查成果为基础编写而成。**如果你在选举或平时的会议中觉得自己的决策不够好,所做的选择经常有悖多数人的想法,你或许会在本书中找到原因。**同时,你还会惊叹于决策方法对集体、社会甚至历史的颠覆性影响。本书将列举美国总统选举、种族平等化进程的事例证明这一观点。决策方法也可能被用于不良目的,了解决策的相关知识或许对自我保护也有帮助。掌握了这些知识，你就能够明确地用语言解释某种决策方法使用得是否得当。

本书由四部分组成。

第 1 部分论述"决策方法决定历史"。民意是我们在生活中经常遇到的一个词，然而民意是否真的存在？第 1 部分讨论的便是可否将选举结果擅自解释为"民意"（当然不可以）。在多数决以外的决策方法中，哪一种是民主的？选举、民意调查结果等简单的实际案例能使你体会到决策方法的多样性和决策方法对结果的决定性影响。

第 2 部分探讨"哪种决策方法最适合选项多于三个的投票"，即出现选票分流时应该使用哪种决策方法。我不会筛选出一种最佳方法，也不会单纯罗列几种方法，以它们各有优劣作结，而会说明每种方法优劣的原因，并选出相对优秀的方法。

第 3 部分介绍"多数决在二选一投票中的正确用法"。这部分主要讨论二选一的多数决，比如陪审团决定被告人是否有罪的表决、国会议员决定法案是否通过的表决。多数决的"正确用法"很难掌握。思考如何用好多数决便是这部分的目标。

第 4 部分讨论"不应尊重的多数意见"，涉及一些处理起来比较复杂的案例。比如应当用投票以外的方式做决定的事项，即使全体一致赞同也会被某些原理干涉的情况。公寓自治会如何决定电梯维修费用的分摊方法？是否应尊重想要决斗的两个男人的意志？试图干涉对方宗教信仰的两个朋友的心情又是否应得到尊重？越是棘手的问题，就越需要谨慎选择决策方法，否则会导致不合理的结果（比如通过多数决让公寓 1 层的住户全额支付电梯维修费用）。

社会制度不是上天或大自然的馈赠，而是人为的产物。现存的制度究竟是否完善？如果存在很大缺陷，更换成其他制度岂不更好？要换又应换成什么？事不宜迟，让我们进入正文寻找最佳的决策方法吧。

目 录

前 言 1

第 1 部分
决策方法决定历史

第 1 章　选举结果能体现民意吗？　3

从大阪都构想的居民投票结果能读出什么？　3

"选择政治家"不等于"选择政策"　6

"选票分流"导致多数决失效　8

不采用多数决，就不会有伊斯兰国？　9

决策方法决定结果　12

政治受"决策方法"摆布　15

第 2 章　"民主的"决策方法——博尔达计数法　17

多数决的选票上没有填写"第 2 位以下选项"的空格　17

"二轮决选"与"博尔达计数法"，哪个更好？　19

"博尔达计数法"选出"受到广泛支持的人"　22

博尔达计数法是更接近全票通过的决策方法 24

第3章 选项之间的单挑——循环赛 29

说不清谁最受拥护的丹麦总统选举 29

克林顿是利用"选票分流"获胜的? 33

斩断"投票悖论" 37

投票悖论使会议为主席服务 38

第4章 决策方法决定历史 41

历届总统中评价最高的林肯 41

林肯当选是拜选票分流所赐? 43

林肯在博尔达计数法下会落败 45

同意修正却未能立法的"鲍威尔修正案" 46

罗伯特议事规则与议事操作 49

改变提案顺序可操控结果 53

第2部分

哪种决策方法最适合选项多于三个的投票

第5章 盘点决策方法——全胜者与全败者 57

5 种决策方法产生 5 种结果的"努尔密的反例" 57

绝不选出全败者的决策方法 62

在"一定程度上"尊重全胜者标准的决策方法 64

第 6 章　哪种计数规则最好？　67

为何敢说博尔达计数法的计数规则好？　67

计数法有时选不出全胜者　70

克林顿在任何决策方法下都会当选　74

第 7 章　按"绝对评价"做出决策——认可投票　76

行为随菜单的变化而变化　76

用"认可与否"做选择的认可投票　79

受其他选项的影响——"对比效应"　81

最新方法"多数判决制"　84

第 3 部分

多数决在二选一投票中的正确用法

第 8 章　多数决做出正确判断的概率——陪审团定理　93

多数决的陪审团能否做出正确评判？　93

陪审员人数越多，越容易做出正确判断　95

计算多数决得出正确结果的概率　96

附和他人则做不出正确判断　100

第 9 章　多数决与暴力的区别　102

当多数决的价值高于暴力　102

多数决的三个使用条件　104

公寓自治会为什么不能"委托主席投票"？ 106

多数决适合决定"无关紧要的事" 108

使人表明真实想法的"随机独裁制" 109

第 10 章 国会的多数决用法正确吗？ 111

使多数决正当化的两个条件 111

通过宪法限制多数决 116

修订宪法没有看起来那么难 119

党内约束导致少数派掌控国会 119

如何判断安保法案的合宪性 120

第 11 章 分析法庭上的"决策方法" 125

法庭上必须分出孰是孰非 125

用多数决判决正当防卫 126

理由的多数决和结论的多数决得出的判决不同 128

房客擅自转租公寓的事实如何认定 129

裁判员制度下如何决定量刑 131

"中位数选项"能够选出全胜者 134

第 4 部分
不应尊重的多数意见

第 12 章 公平决定费用分摊 141

让 1 层住户全额负担电梯维修费 141

司法给出的答案：1 层住户也应支付费用　143

决定费用分摊的最佳手段——"沙普利值"　144

用沙普利值解决电梯维修费用的分摊问题　147

用"凸组合"征得住户们的认同　149

用"中位数选项"决定妥协点　152

第 13 章　"双方都赞同的决斗"是否应得到尊重　155

2014 年共有 15 人因决斗罪被捕　155

决斗已被日本社会所接受？　157

"虚伪"的全体一致赞同　157

第 14 章　个人自由与全体一致的对立　161

国家和社会对个人的干涉限度——伤害原则　161

自由主义的悖论　163

平等保护自由的领域　166

后　记　169

主要参考文献　172

第

1

部
分

决策方法决定历史

第1章

选举结果能体现民意吗？

都说选举体现"民意"，但民意是否真的存在？要说选举能产生结果倒是确实，但我们能否称之为民意？如果改变选举方式就能颠覆选举结果，那其体现的就不是民意，而是选举方式。从结论来讲，事实确实如此惊人，换用不同的决策方法就能轻而易举地改变结果。

从大阪都构想的居民投票结果能读出什么？

2015 年 5 月 17 日，大阪市围绕废除大阪市、改设 5 个特别区的"大阪都构想"进行了居民投票。结果 50.4% 反对、49.6% 赞成，反对票以微弱优势成为多数，使大阪都构想遭到否决。推行大阪都构想的桥下彻市长将此结果视为自己的败绩，宣布退出政坛。

鉴于赞成票与反对票之间差距微弱，一些人呼吁，投赞成票的大约 70 万人的声音也应得到尊重。二者占比确实近乎持平，这种心情很可以理解。不过，让我们尊重的究竟是什么呢？尊重的对象含糊不清。

这里需要注意的是投票结果所包含的信息量。信息量越大，就越容易识别尊重的对象；如果信息量小，即使让我们尊重，也不知道要尊重什么。我们现在已知投票结果是 50.4% 反对、49.6% 赞成，却不清楚这组数字意味着什么。数据和解说是两回事。遇到特征不明的数据，最好不要妄自从中读出信息，毕竟人类总会下意识地发现他们想看到的内容。

我们必须对问题提出质疑。例如吃饭时，询问饮料要水还是伏特加就显得不太友好。这个问题迫使想喝果汁或茶的人不得不在这两个选项中做出选择。废除大阪市、改设 5 个特别区的大阪都构想是一个动作很大的改革方案，而给予选民的选项只有对该方案的赞成和反对。

投赞成票的选民未必都期望这个极端的方案得到落实；投反对票的选民也不会都满足于现状。赞成与反对之间还存在渐变的灰色区域。

居民投票将这片灰色区域染成了黑白各一半，投票结果反映不出原先的渐变程度。70 万人的赞成票能够说明的充其量只有"对现状的不满"。至于他们实际期望的是什么，只能任君揣测了。

提案方拥有巨大的优势，因为潜在可供讨论的议案有很多。比如除大阪都构想之外，还有自民党大阪府支部联合会以及桥下市长在未通过居民投票后提出的"综合区构想"等其他方案。桥下称"最终决定权掌握在居民手中"，但居民被赋予的职责充其量也就是最后按下开关。当然也可以选择不按开关，但不能选择按下其他开关。

再者，提案人未必总为人民着想。他们或许把对自己有利的方案包装成造福人民的最佳方案，鼓动民众在居民投票中认可它。这种情况非常可怕。一旦51%的选民承认该方案"还可以"，它便会被赋予强烈的民主威信，即使还存在能满足90%选民需求的其他方案。

在多数决制度下，拿下51的选民就能获胜。因此，提案人可以在"大概能得到51%以上支持的多种方案"中，提出对自己最有利的一个。比如对政治对手打击最大的方案。

大阪都构想的居民投票确实也是桥下设计的一场政治斗争。投票前，桥下在大阪市议会一直和所属党派以外的议员处于对立状态，和大阪市政府关系也不算好。只要他的构想在居民投票中获胜，就能给这些对手以沉重打击。桥下本人在居民投票结束后的记者见面会上也曾表示：本想发动战争把他们击垮，反倒被人击垮了。此时，政策已不再是政策，而是政治斗争的总括。

"选择政治家"不等于"选择政策"

我们把话题从居民投票转向选举。大阪都构想遭到否决的大约半年后，桥下率领的"大阪维新会"在大阪府知事和大阪市市长的选举中双双获胜。对此，桥下表示，这一结果说明民意希望"大阪都构想"进一步升级。①

然而，选择知事、市长等政治家的代表选举不同于选择个别政策的直接选举。即便如此，选举结果往往还是会被解读为对某项特定政策的支持。

2005 年，时任日本首相的小泉纯一郎将邮政民营化法案遭否决视为对内阁的不信任，宣布解散众议院。小泉此举将众议院视为审议邮政民营化法案的机构，而在这一定义下选出的国会议员在任期内还从事各种其他工作，绝不只负责邮政民营化一项。

归根结底，选择政治家和选择政策是完全不同的两回事。这种差异不仅体现在思想或概念上，选择所引发的结果在理论上也存在巨大的差距。下面介绍的**奥斯特罗戈斯基悖论**便鲜明地再现了这种乖离现象。

假设有 5 名选民，2 个政党 A 和 B。选举期间有三个争论的议题："金融""外交"和"核电"。政党 A 和 B 针对各议题打出各自的政策。选民对这三个议题的重视程度相同，他们在各议题上支持的政党如**图表 1-1** 所示。比如，从图表中可以看出，选

———————

① 《时事通信新闻》，2015 年 11 月 26 日。

民 1 在金融和外交方面支持 A 党，在核电方面支持 B 党，综合评价支持 A 党。

在该结果中，选民 1、选民 2 和选民 3 在综合评价中均支持 A 党。因此，两政党拥护的候选人参与竞选时，A 党将以三人的过半数支持获胜。即如果间接选举代表，三个议题均将采用 A 党的政策。

如果直接选择政策，结果则大不相同。从政策的角度比较 A 党和 B 党，便会发现 B 党在每个议题上均获得了过半数的支持。也就是说，**直接选举政策和间接选举代表产生了完全相反的结果。**看过这个例子，我们就不能再把选举结果轻易地称作民意了。无论是政党还是政治家，赢得选举都不等于"得到了民意的支持"。

选举期间，各党派都会发布名为"竞选纲领"的政策集，其

图表 1-1
►**直接选举政策和间接选举代表的结果相反**
——奥斯特罗戈斯基悖论

选民	金融	外交	核电	支持政党
1	A 党	A 党	B 党	A 党
2	A	B	A	A
3	B	A	A	A
4	B	B	B	B
5	B	B	B	B
多数决结果	B	B	B	A

实质为政策的"捆绑销售",这也是引发奥斯特罗戈斯基悖论的原因。在市场上,如果企业出现强制捆绑销售的行为,不仅会遭到舆论抨击,还会收到公正交易委员会的警告或撤除令。在选举中,政党将政策进行捆绑销售,从反垄断法的角度来看有损选民的利益。

选举的结构体系尚不支持选民"分别购买不同企业的文字处理软件和试算表软件",只能从"金融 A、外交 A、核电 A"套餐和"金融 B、外交 B、核电 B"套餐中选择一个,没有第三个选项,如"金融 A、外交 B、核电 A"。

"选票分流"导致多数决失效

选项为三个或三个以上的情况更加复杂。在这种情况下采用多数决会出现"选票分流"。我们以美国总统选举为例思考这个问题。

美国主要有两大政党:民主党和共和党。总统选举通常也是由民主党和共和党提名的候选人展开激烈竞争。自 1852 年民主党候选人福兰克林·皮尔斯 (Franklin Pierce) 当选总统开始,历任总统均从这两大政党中产生。

各政党在选出各自的提名候选人时,会进行名为预选的党内选举。

在 2016 年总统选举的前一年,也就是 2015 年的预选阶段,发生了一场有关共和党候选人提名的风波。

　　唐纳德·特朗普是个过激言论连篇的地产大亨，他因在电视节目《学徒》(*The Apprentice*) 上对落选者们说的那句"你被解雇了！(You're fired!)"而成为家喻户晓的名人。特朗普想获得共和党的候选人提名。参与提名竞争的候选人必须签署一份投名状，承诺"如果自己未获得提名，将不参加大选"，而无论如何也想得到提名的特朗普曾一度拒绝签署投名状。

　　这样做的目的是什么？

　　假设共和党提名特朗普以外的人为候选人，此人和民主党提名的候选人便是两大政党拥护的候选人。在这二人展开激烈竞争时，一旦特朗普插足进来，就会分流共和党的选票。特朗普即便赢不了大选，至少也能拉共和党候选人一起下水。拒绝署名便起到了威胁作用——得不到提名就让共和党输。

　　最终特朗普在党高层的说服下（或是醒悟到那样做的弊端）做出让步，签署了投名状。不过，参加总统选举是美国公民的重要权利，投名状不具有法律约束力，充其量只是道义上的君子协定。

　　威胁分流选票是"玩票的"特朗普的原创行为，而选票分流现象本身在美国总统选举中早有先例。

不采用多数决，就不会有"伊斯兰国"？

　　在 2000 年美国总统选举中，民主党候选人戈尔和共和党候选人布什是两大政党提名的主要候选人。起初戈尔更占优势，但中途发生了变故——绿党的拉尔夫·纳德作为"第三候选人"加入激战。

纳德没有当选的可能性，而他的支持者大多也支持戈尔。最终，纳德夺走戈尔的部分选票，给戈尔造成致命打击，让布什实现了逆转获胜。[①] 可见"多数决"的结果未必反映多数意见。

这场逆转大戏对此后的世界局势造成了很大影响。在布什当选总统后的 2001 年，美国遭遇恐怖袭击。为报复恐怖势力，布什于当年发动阿富汗战争，后又于 2003 年发动伊拉克战争。战争推翻了萨达姆政权，在伊拉克建立了"民主政权"，但局势并不稳定。最终，萨达姆政权的残余势力结成伊斯兰极端组织，夺回了伊拉克的部分地区，威胁着当今世界的安全。

历史没有"如果"，但反事实推理，即思考"本可能实现的现在"，可以帮助我们加深对眼下情况的理解，在未来更好地做出选择。

当然这并不是纳德的错。纳德只是怀着信念参加了某一年的美国总统选举，丝毫未参与进军伊拉克的决断。实际上，纳德称进军伊拉克为"美帝国"(The U.S. Empire) 的勾当，对进军伊拉克持强烈批判态度，而他的参选却成了招致这一系列事态的原因

---

① 美国总统选举采取赢者通吃制。各州分别进行一般投票，除个别州以外，赢得一个州的选举人就赢得了该州所有选票。而在全体国民进行的投票中，即使在纳德参选的情况下，戈尔也获得了比布什更多的选票。

之一。这是多数决在机制上的奇妙之处。

日本选举也经常出现选票分流现象。在国政选举中，为了与执政党的候选人竞争，多个在野党分别推举了竞选对手，结果全军覆没。这便是选票分流造成的结果。举个例子。在 2012 年众议院选举的小选举区，执政的自民、公明两党合计获得 2653 万票，246 个议席；而在野党虽然合计获得了 3310 万票，但却只获得了 54 个议席。

这一现象被媒体称为"没能将候选人统一为一个人"。"没能"自然是个消极表达。此时，在野党没有统一候选人的策略，或者说选民没有统一投票目标的投票行为，成了非议的对象。

不过，这真的是政党和选民的错吗？政党就应当只为赢得选举而临时拼凑到一起吗？选民就应当不给获胜希望不大的候选人投票吗？不这样做就会吃亏，所以就应该这样做——这种思路不是规范，而是多数决制度强加于人的制约。

纳德的支持者恐怕也不认为纳德能够当选。那么，他们就该把票投给戈尔吗？在竞选时，担忧选票分流的戈尔阵营曾向纳德支持者呼吁"给纳德投票就等于给布什投票"（所以把票投给戈尔吧）。但是，很多人不听从他们的呼吁。

这也是理所当然的。人都有正确表达自我想法的欲求，而选举还起到明确群众意见分布的作用；纳德的参选还带有质疑两党制的含义。对此有着共鸣的人不可能将票投给两大政党之一所提名的参选人戈尔。

　　错不在纳德，也不在未投票给戈尔的纳德支持者，而在于多数决这种决策方法。问题不在于人，而在于制度。

决策方法决定结果

　　"决策方法"起到决定性的重要作用，不同方法得出的结果截然不同。我们来思考"依次支持纳德、戈尔、布什的选民"的情况。如果纳德没有参选，他心目中的第二位戈尔就会当选；而当他最支持的纳德参选后，赢得大选的却是第三位的布什。换句话说，他最支持的候选人的出现导致了他最不想看到的结果。在多数决的选举中，选择机会的多样化使结果偏向歧途。那么，哪些选举方式能够避免这种情况呢？

　　最简单的方法是给多数决加一轮投票。在第一轮多数决中，如果第一位未获得过半数选票，就在前两位之间进行第二轮投票。如果采用这种方式，布什和戈尔就会进入第二轮投票，最终戈尔取胜。

　　博尔达计数法则是更正规的方法。这种方法对排名计分：第1位计3分，第2位计2分，第3位计1分。在博尔达计数法下，众多的戈尔支持者会把戈尔排在第1位，而纳德的支持者会把戈尔排在第2位，所以戈尔的总得分理应高于其他两名候选人，赢得大选。

　　在这场总统选举中，无论采用二轮决选还是博尔达计数法，戈尔获胜都是最可能的结果。

　　不过，通常情况下，这两种决策方法会使不同的选项胜出。下面来思考一个简单的例子：有 9 名选民，3 个选项 A、B、C，投票结果如**图表 1-2** 所示。该图表表示的是，比如有 4 名选民依次支持 A、C、B。假定选民在选举中按照这一排序进行投票。

　　如果采用多数决，获胜的会是哪个选项？选民给自己心中的"第 1 位"投票。于是，4 个人投给 A，3 个人投给 B，2 个人投给 C，最终 A 获胜。

　　然而，二轮决选会得出不同的结果。在第一轮多数决中，获得最多票数 4 票的 A 和以 3 票排在第二的 B 将进入第二轮投票，最终 B 获胜。因为在第二轮投票中，除一直支持 B 的 3 人之外，原先支持 C 的 2 个人也会转向支持 B，使 B 一共得到 5 票。A 在第二轮投票中依然获得 4 票，故输给获得 5 票的 B。

　　那么，博尔达计数法又会得出什么结果？从结论来说，获胜的是 C。计分的结果是 A 和 B 分别得 17 分，C 得 20 分。以 B 为例，得分的计算方法为：17 分 =（3 分 × 3 人）+（2 分 × 2 人）+（1 分 × 4 人）。

　　用多数决获胜的是 A，用二轮决选获胜的是 B，用博尔达计数法获胜的是 C，可见决策方法能够颠覆结果。那么，哪种决策方法在任何方面都是优秀的呢？这个问题放到后面的章节再来探讨，现在先关注二轮决选和博尔达计数法都没有选择 A 的现象。

　　A 虽然在三选一的多数决中获胜，但实为非常"少数派"的

图表 1-2

▶决策方法决定结果

9 名选民的排序

人数	4	3	2
第 1 位	A	B	C
第 2 位	C	C	B
第 3 位	B	A	A

多数决的结果		二轮决选的结果		博尔达计数法的结果 （第1位计3分，第2位计2分， 第3位计1分）	
选项	票数	选项	票数	选项	分数
Ⓐ	4	Ⓑ	5	Ⓒ	20
B	3	A	4	A	17
C	2			B	17

选项。如果在 A 和 B 之间进行多数决，B 将以 5 比 4 战胜 A；而在 A 和 C 之间进行多数决，C 也会以 5 比 4 战胜 A。之所以会出现这种现象，是因为在支持 B 或 C 的过半数的 5 人 (=3 人 +2 人) 心中，A 都排在最末位。我们称这种在和所有其他选项的双向多数决中全部落败的选项为**全败者**。二轮决选和博尔达计数法都不会选择全败者 A。

政治受"决策方法"摆布

多数决很容易受到选票分流的影响，这对政党政治的形态造成了极大的影响。

政治学中有一个预测：小选举区的多数选举制使政党政治的形态趋于两党制。该预测成立的前提是在野党联手避免选票分流，选民将票投给第二支持的政党以避免给落选者投票。人们用提出人的名字将这项预测命名为**迪维尔热定律 (Duverger's law)**。迪维尔热定律虽然达不到普遍成立的"定律"的高度，但在各国均能观察到这种趋势。

假设迪维尔热定律完全成立，在小选举区制的导向下，就只有两大政党的候选人会参选，也就不必担心选票分流的问题。然而，如果定律不完全成立，即出现"第三政党"，它即使势力微弱，也能具有逆转选举结果的潜力。正如纳德参选的案例所示。

在 2014 年日本众议院选举中，实力雄厚的在野党民主党表明与维新党展开合作（分别争取不同选举区）；然而，共产党作为"第三政党"提名候选人，还是引发了选票分流。当时共产党的得票率超过 13%，对选举结果的影响力远超纳德。

在 2016 年的参议院选举中，共产党也公布了和其他在野党展开竞选合作的方针。民主党甚至和维新党合并成立了新党民进党。这些都是选举制度给政党造成压力所导致的结果。可是，这让那些质疑资本主义的共产主义者和不认同维新党的旧民主党支持者把票投给哪个政党是好？

多数决选举会出现选票分流，迫使在野党联手。执政党也面临同样的问题。主张全人类利益高于国家利益的公明党和以建造美好国家为目标的自民党能否在思想上达到高度融合？多数决本应是人们用来做决策的工具，而实际上人们是否在受工具的摆布？

正如剪刀要求握把的手呈现特定的形态和动作，任何工具都会强制要求使用者做出特定的行为。那么，多数决强制我们去做的是不是一种极为怪异且令人窒息的行为呢？

第 2 章

"民主的"决策方法——博尔达计数法

在多数决的优化方案中，最简单的是增加一轮投票，而更正规的则是给排名计分（第 1 位计 3 分，第 2 位计 2 分，第 3 位计 1 分）的博尔达计数法。它们都能抑制选票分流带来的影响。那么，这两种方法中，哪一种更为民主呢？说到底，民主的决策方法是什么样的呢？本章将从所有人 (for-all) 的民主主义而非多数人 (not for majority) 的民主主义的视角来思考这个问题。

多数决的选票上没有填写"第 2 位以下选项"的空格

有一种选票叫"空白票"，指没有填写任何内容、原封不动投入投票箱的选票。不少人通过投空白票的方式表示没有自己支持的候选人。不过，空白票对选举结果没有任何影响。如果空白票在选票中所占比率过大，也许会引发社会关注，但这种情况基本不会发生。从结果来看，空白票对选举的影响等同于弃权。

专程到投票站投空白票的行为固然积极，但谁也无法否认其效果的消极性。在旁人看来，这一举动甚至有些可惜。

在计票过程中，空白选票所包含的信息量为零。那么，写有候选人姓名的非空白票是否就包含足够大的信息量呢？

在多数决的选举中，选民只能在选票上填写一个人的姓名，即只能写下候选人心中的"第 1 位"。换句话说，"第 2 位以下的选项"均不能写到选票上。这一点和空白票无异。从这个角度来讲，多数决相当于强制选民给第 2 位以下的所有候选人投空白票。

然而，人们心中的"第 1 位"不代表全部想法。假设"一个民进党支持者最近对共产党的好感越来越强"。他支持的排序本来是"民进党第一，公明党第二，共产党第三"，但现在第二、三位发生对调，变成了"民进党第一，共产党第二，公明党第三"。他心中的排序产生了变化。

那么，这种变化是否会体现在多数决中？答案是体现不出，或者说无法体现。因为根本没有对应那种变化的窗口。

包括多数决在内的所有决策方法都是"计算盒"。输入选票信息就会自动输出选举结果。而多数决只容许输入最少限度的信息。都说"选举体现民意"，但多数决选举做不到这一点。毕竟选民只能输入少量信息，好比嘴被堵住的人无法回答他人提出的问题。

选民只能在选票上填写最支持的候选人，这对于参加竞选的候选人来说又意味着什么呢？候选人之间存在竞争——一场让更多人在选票上写下自己名字的竞争，也就是争取让更多选民把自己作为第 1 位的竞赛。

就算某位候选人在所有选民心中都能排到第 2 位，他在这场竞赛中还是一票也得不到。对候选人来说，选民把自己排到第 2 位还是最后一位没有区别，都没有价值。这样一来，就只能关照特定群体，让他们选自己做第 1 位，或者通过非难特定群体引发关注，让人们选自己做第 1 位。这些动机将驱使候选人的行为。这与其称为政治家的伦理问题，倒不如说是多数决这一游戏的规则所导致的结果。

"二轮决选"与"博尔达计数法"，哪个更好？

意识到了这一问题，让我们来思考在多数决的替代方案中，增加一轮投票和使用博尔达计数法哪个更好。

准确地讲，二轮决选是指，如果第一轮多数决中无人获得过半数选票，则针对前两位进行第二轮多数决，从中决出胜者。第一轮多数决中分流的选票能够在第二轮投票中回流。

法国总统选举采用的便是**二轮决选**，通常第一轮多数决中多名候选人林立，第二轮投票才能选出总统。来看一个事例。

2002 年的法国大选共有 16 名候选人参加。在第一轮多数决中，主要候选人之一的保卫共和联盟代表希拉克以 19.9% 的得票率名列第一，极右政党国民阵线代表勒庞以 16.9% 的得票率名列第二。被认为与希拉克实力相当的社会党代表若斯潘则以 16.2% 的得票率惜败，排名第三。极右政党进入第二轮选举的事实震撼了欧洲社会，被媒体称为"勒庞危机"。

这是选票分流造成的结果。国民阵线没有与其相似的政党，因此集中获得了右派的选票。而在选票回流的第二轮投票中，希拉克以 82.2% 的得票率取得了压倒性胜利。

第二轮投票也会出现不相上下的惊人结果。2016 年的奥地利总统选举便是一例。在第一轮多数决中，极右政党自由党的候选人霍费尔以 35% 的得票率占据首位，而处在第二位的是得票率 21% 的中左政党绿党的候选人范德贝伦。在第二轮投票中，范德贝伦的得票率为 50.3%，霍费尔的得票率为 49.7%，范德贝伦胜出。

范德贝伦原本是维也纳大学经济学院的教授，主要研究决策方法，尤其是决策方法中的路径制作方法。所谓"路径"，就是决策方法的流程。比如二轮决选首先进行第一轮多数决，然后前两名进入第二轮投票。年轻时的经济学者范德贝伦或许根本没有想到，自己将来会通过自己的研究对象当选总统。

极右政党（在多数情况下）没有与其相似的政党，其他政党之间发生的选票分流使它容易在第一轮多数决中名列前位。进入第二轮投票后，即使没能胜出，政党也能得到一次很好的宣传，为今后的人气造势。"极右"一词或许让人望而生畏，但其实欧洲极右政党的主要主张是排斥移民和否定同性婚姻。日本本来就不接受移民，也不承认同性婚姻。可以说，欧洲极右政党的理想国家和日本有相似之处。

日本的政党代表选举也经常采用二轮决选。来看两个事例。

2012 年 9 月民主党执政时，在野党自民党的总裁选举共站出了 5 名候选人。由国会议员和地方选举人进行多数决，占据前两位的分别是获得 199 票的石破茂和获得 141 票的安倍晋三。没有人得到过半数的选票。于是，国会议员针对排在前两位的石破和安倍进行了第二轮投票。最终安倍获得 108 票，石破获得 89 票，安倍胜出。

而在 2015 年 1 月举行的民主党代表选举中，第一轮投票的前三位依次是细野豪志、冈田克也和长妻昭。没有人得到超过半数的选票。于是，排在前两名的细野和冈田进入第二轮投票，最终冈田胜出。

另一方面，"第 1 位计 3 分，第 2 位计 2 分，第 3 位计 1 分"的 **博尔达计数法** 由法国海军科学家让 - 查理斯·博尔达 (Jean-Charles, chevalier de Borda) 于 18 世纪后期提出并首次进行了数理分析。

博尔达计数法 的原理很简单，在博尔达之前也曾有人提出类似的方法。15 世纪在神圣罗马帝国担任布里克森红衣主教的库萨

的尼古拉 (Nicholas Cusanus) 就曾建言在选出神圣罗马皇帝时采用今天的博尔达计数法，以"寻觅神的意志"（最终未被采用）。库萨的尼古拉没有像博尔达那样分析这种方法，但认为"该方法可规避无限产生的谬误"。"无限产生的谬误"的真意已无从得知，但库萨的尼古拉身为著名的贤人，指的或许就是选票分流。

在博尔达计数法的规则下，选民可以在选票上同时填写"第2位"和"第3位"，因此不会出现选票分流的问题。中欧斯洛文尼亚的少数民族代表选举，是博尔达计数法在国家政务中的一个应用实例。

博尔达计数法和多数决看似差异很大，其实在分类上都属于"计数法"(scoring rule)。计数法是按排名赋予分数的决策方法，而多数决相当于"第1位计1分，第2位以下均计0分"的极端倾斜的计数法。

"博尔达计数法"选出"受到广泛支持的人"

二轮决选与博尔达计数法对选票分流都有一定的抑制作用。那么，二者的本质差异是什么？是选民对待第2位以下支持者的方式。

假设存在多名候选人，一名候选人在所有选民心中均排第二。虽然选民们支持的第1位各不相同，但所有选民均把该候选人作为第二支持的对象。在**图表2-1**的事例中，该候选人即为B。

图表 2-1

▶博尔达计数法选出的是"为所有人服务的候选人"

9 名选民的排序

人数	4	3	2
第 1 位	A	C	D
第 2 位	B	B	B
第 3 位	C	A	C
第 4 位	D	D	A

多数决的结果

选项	票数
Ⓐ	4
C	3
D	2
B	0

二轮决选的结果

选项	票数
Ⓒ	5
A	4

博尔达计数法的结果
（第 1 位计 4 分，第 2 位计 3 分，第 3 位计 2 分，第 4 位计 1 分）

选项	分数
Ⓑ	27
A	24
C	24
D	15

该事例中共有 9 名选民和 4 名候选人，所有选民均把 B 作为第二支持的对象。

这个事例如果采用多数决，则最终排名从上到下依次为 A、C、D、B（分别得到 4、3、2、0 票），胜出的是 A。此结论是从图表 2-1 观察得出，与多数决无关。

如果采用二轮决选，A 和 C 就会进入第二轮投票，最终 C 胜出。无论有没有第二轮投票，B 都排在最后。导致这一结果的原因显而易见，因为选民只能在选票上填写最支持的候选人。

与此相对，如果采用博尔达计数法，B 将以最高得分 27 分胜出（A 和 C 分别得 24 分，D 得 15 分）。B 虽然没有得到任何选民的首位支持，但所有人对他的评价都较高，而博尔达计数法将其体现了出来。之所以能体现这一点，是因为博尔达计数法允许选民在选票上依次表明第 2 位以下的支持者。至于这一特征为什么是理想的，下面我们从民主主义和决策方法的关系出发思考这个问题。

博尔达计数法是更接近全票通过的决策方法

民主主义也包括各种理论，但其本质都是"统治者与被统治者的同一性"。简单来说就是人民的事人民定。其难点在于是"人民"而不是"个人"。

如果是个人，自己动动脑筋就能做出决定。但如果是由无数个体组成的人民，事情就没有那么简单了。无论讨论进行得多么细致入微，都未必能得出全票通过的决定。为此，集体需要借助决策方法引导出决定。

那么，二轮决选和博尔达计数法，哪种决策方法更为民主？全票通过原本是最理想的状态。如果所有人都把选项 A 作为自己首位支持的对象，不管多数决是否附带第二轮投票，或是采用博尔达计数法，正常思维能够想到的几乎任何决策方法都会选择 A。这是不折不扣的"人民的"决定。

然而，无法实现全票通过时，多数决根本做不出让所有人都满意的决定。此时用决策方法将众多意见统一成一个意见是对全票通过的让步。这样看来，采用让步程度小、做出的决定相对接近全票通过的方法更适于做出"人民的"决定。那么，哪种决策方法更贴近民主主义"不为多数人而为所有人"的思想呢？

在上述事例中，博尔达计数法选出了所有人第二支持的 B。那么，相比选择 A、C、D 等其他选项，选择 B 是否是更接近全票通过的决定？

远近是有关距离的概念。下面我们就来计算各选项到达全票通过状态所需的步数（**图表 2-2**）。

首先来看选项 A。有 4 个人最初便将 A 排在第一位。于是，把 3 个人对 A 的排名分别提升 2 步，把 2 个人对 A 的排名分别提升 3 步，A 便会成为全票通过的第一位。达到这一状态共用去 12 步（=3×2+2×3）。图表 2-2 中，a 表现了用该方法将 A 提升至

图表 2-2
▶博尔达计数法的选择更接近全票通过的结果

a) 选项 A 到全票通过的距离

人数	4	3	2
第1位	Ⓐ	C↰	D↰
第2位	B	B	B
第3位	C	Ⓐ	C
第4位	D	D	Ⓐ

0步×4人   2步×3人   3步×2人
=0   =6   =6

合计 12 步

b) 选项 B 到全票通过的距离

人数	4	3	2
第1位	A↰	C↰	D↰
第2位	Ⓑ	Ⓑ	Ⓑ
第3位	C	A	C
第4位	D	D	A

1步×4人   1步×3人   1步×2人
=4   =3   =2

合计 9 步

c) 选项 C 到全票通过的距离

人数	4	3	2
第1位	A↰	Ⓒ	D↰
第2位	B	B	B
第3位	Ⓒ	A	Ⓒ
第4位	D	D	A

2步×4人   0步×3人   2步×2人
=8   =0   =4

合计 12 步

d) 选项 D 到全票通过的距离

人数	4	3	2
第1位	A↰	C↰	Ⓓ
第2位	B	B	B
第3位	C	A	C
第4位	Ⓓ	Ⓓ	A

3步×4人   3步×3人   0步×2人
=12   =9   =0

合计 21 步

全票通过的第一位的过程。

再对 B 进行相同的操作。9 名选民分别将 B 的排名提升 1 位，B 便会成为全票通过的第一位。也就是说，B 用 9 步便能成为全票通过的第一位。图表 2-2 中，b 表现了用该方法把 B 提升至全票通过的过程。

B 达到全票通过需要 9 步，比 A 少 3 步。这说明 A 到全票通过的距离比 B 远。

用相同方法对其他选项进行计算，会发现 C 和 D 分别需要 12 步和 21 步才能达到全票通过。

也就是说，**到达全票通过的第一位所需步数最少，即距离最短的选项是博尔达计数法选出的 B。**

不止这个例子，凡是博尔达计数法选出的结果必然都具备该特征。换言之，如果选项不具备这一特征，就绝对不会在博尔达计数法的制度下胜出。要想在这种决策方法下获胜，必须获得广泛的支持。从这个层面上讲，博尔达计数法非常适合"所有人"的民主主义。

而二轮决选选出的 C 达到全票通过所需步数比 B 多出 3 步。可见它和所有人的民主主义的适合度没有博尔达计数法高。

补充一点，除二轮决选之外，"进行多次多数决"的**多轮淘汰决选**也不适合民主主义。这种决策方法通过一次次多数决淘汰最末位选项，国际奥委会在选定比赛项目和主办城市时经常使用。

例如，2020 年夏季奥林匹克运动会由东京举办。在申办城市的最终评选中，东京、伊斯坦布尔和马德里进入多轮淘汰决选。
先是马德里被淘汰，接着是伊斯坦布尔被淘汰，东京胜出。这种
决策方法进行多次多数决，看似很缜密谨慎，但和一次性多数决
具有相同的缺陷——"第2位以下的选项"无法体现在选票上。
因此，上文中的例子即使采用这种方法，在多数决中一票也得不
到的"所有人的"B也会最先被淘汰。

　　这番论述的目的不在于证明博尔达计数法完美无缺。只要无
法实现全票通过，就做不到让所有人都满意。与其说博尔达计数
法不是最好的方法，不如正视本来就没有最佳选项这一无奈的现
实。在这一前提下，博尔达计数法选出的选项极具说服力，可以
视为第二好的选择。

第 3 章

选项之间的单挑——循环赛

多数决只在选项多于三个时才会发生选票分流。那么，我们把选项两两提出，进行多数决的循环赛，结果又会如何？像日本棒球职业联赛季后赛或国际足联的世界杯预选赛那样，让选项们进行一对一的循环赛。如果出现了全胜选项，那么它可谓是真正意义上的多数决胜者。但是，这种选项未必总会出现。有时很难判别谁才是真正的胜者，正如巨人战胜养乐多，养乐多战胜中日，而中日又战胜了巨人的情况。

说不清谁最受拥护的丹麦总统选举

北欧的丹麦和日本同为议会制国家，国会议员由国民选举产生，首相由国会议员选举产生。只不过日本国会分为众议院和参议院两院，而丹麦是一院制，只有国民议会。国民议会的179名议员通过比例代表制选举产生。由于是比例代表制，所以存在很多政党。"二战"后丹麦从未有政党单独获得过半数议席。首相通常在多个政党的联合下组建执政联盟。

在1994年9月21日举行的国民议会选举中，由于势力变换，一时间曾出现新的执政联盟诞生的可能，但最终社会民主党时任首相的拉斯穆森（Anders Fogh Rasmussen）与其他两党组建的执政联盟得以存续，他也因此连任首相。从表面上看，现任首相的连任是个没有波澜的结局。然而，当时选民们的意志不仅掀起了波澜，甚至形成了循环的旋涡。

当时，共有三人被认为有实力当选首相：时任首相的拉斯穆森、自由党原外交部部长乌夫·埃勒曼－延森（Uffe Ellemann-Jensen），以及保守人民党原法务大臣恩格尔（Hans Engell）。丹麦采用议会制，普通国民不能直接选出首相。不过，当时一家调查公司就普通国民对3名候选人的看法进行了民意调查，结果发现，在谁更受拥护的问题上，三人之间出现了奇妙的旋涡。他们之间的关系让人们很难判定国民最支持的是拉斯穆森还是其他人。

民意调查的提问模式通常是"在这三个人中，你（最）支持谁"。这也许是自觉向多数决选举看齐，也许只是下意识地默认选举采用多数决。然而，当时一家名为GfK的调查公司组织的民意调查没有那么问。该公司将三名候选人两两组对，分别询问

"在这两个人中，你支持谁"。也就是让三个人进行了一场多数决的循环赛。

　　循环赛本身并不罕见。体育比赛经常采用这种赛制，比如国际足联的世界杯预选赛和东京六大学棒球赛。但是，鲜有民意调查采用这种形式。GfK 公司的这一调查结果如何？列举如下。

* 在拉斯穆森和恩格尔的对决中，拉斯穆森获胜。
* 在恩格尔和埃勒曼 – 延森的对决中，恩格尔获胜。
* 在埃勒曼 – 延森和拉斯穆森的对决中，埃勒曼 – 延森获胜。

　　正如猜拳游戏中，石头战胜剪刀，剪刀战胜布，布战胜石头，三者互相牵制，多数决的循环赛也会出现类似的牵制现象。在上述事例中，拉斯穆森战胜恩格尔，恩格尔战胜埃勒曼 – 延森，埃勒曼 - 延森战胜拉斯穆森（**图表 3-1**）。从这一结果很难判断出三人中谁最受拥护。

　　不仅是这个例子。只要让选项两两组对用多数决进行比较，便有可能产生类似的循环。这种现象被称为**投票悖论**。

　　在实际中，我们很少像 GfK 的民意调查那样发现投票悖论的存在。这或许是因为大多数选举和民意调查采用的都是"你最支持谁"这种单一回答式问法。没有数据能够判断是否存在投票悖论。

　　选举制度不容易改变，但是将民意调查的内容改为多数决循

图表 3-1
▶多数决循环赛引发相互牵制的结果

9 名选民的排序

	拉斯穆森	埃勒曼－延森	恩格尔
拉斯穆森	–	✗ 48.9%	⭕ 52.8%
埃勒曼－延森	⭕ 51.1%	–	✗ 49.4%
恩格尔	✗ 47.2%	⭕ 50.6%	–

> 阅读例：拉斯穆森在和埃勒曼－延森的对决中，获得 48.9% 的支
> 持，不过半数而落败；而拉斯穆森在和恩格尔的对决中，
> 获得 52.8% 的支持，超过半数而胜出。

来源：库里尔德·克里特加德（2001）

环赛的形式则应该轻而易举。如果日本的民意调查也这样提问，
或许会得出耐人寻味的发现：比如判断不出谁最受拥护；比如某
名候选人以压倒性优势击败其他所有候选人；又比如出现了一名
被其他所有候选人击败的候选人。从 GfK 的数据中发现投票悖论
的政治学家库里尔德·克里特加德（P. Kurrild-Klitgaad）曾说过
这样一句话：只有问对了问题，才能得到耐人寻味的回答。

克林顿是利用"选票分流"获胜的？

在美国总统选举中，备受关注的"第三候选人"不只有 2000 年的纳德。在 1992 年的总统选举中，除了时任阿肯色州州长的民主党候选人克林顿和时任总统的共和党候选人布什，富商企业家罗斯·佩罗也以"第三候选人"的身份加入激战。另外，这个布什是赢得 2000 年总统选举的布什的父亲。

这届总统选举的最终赢家是克林顿，但是美国全体普选结果却是克林顿 43%、布什 37%、佩罗 19%，呈现出三足鼎立的形势。"第三候选人"的得票率达到 19% 的情况在美国非常罕见。

这一结果使我们不由得做出这样一个推测：克林顿莫非是借助佩罗分流布什的选票才获胜的？

政治学家塔巴洛克 (Alexander Tabarrok) 对此进行了分析，指出该假设不成立，克林顿是当之无愧的实力派候选人。

塔巴洛克根据"选民对克林顿、布什和佩罗的排序"的民意调查数据进行了反事实推理。**图表 3-2** 总结了他所使用的 2489 人的民意调查结果，显示出不同排序的人数分布。比如，在 2489 人中，共有 519 人将克林顿排在第一、布什排在第二、佩罗排在第三。

如果佩罗不曾参加竞选，克林顿和布什谁会赢得大选？从图表 3-2 来看，把克林顿排在布什前面的选民共有 1405 人，约占 56%。由此可推测，即使佩罗未参选，克林顿也会战胜布什。此外，这 1405 人具体是将 C 排在 B 之上的 519+741+145 =1405 人。而比起克林顿更支持布什的人数为余下的 1084 人。

图表 3-2

▶ 1992 年美国总统选举

即便采用循环赛形式克林顿也会获胜

排序

人数	519	741	524	434	145	126
第 1 位	C	C	B	B	P	P
第 2 位	B	P	C	P	C	B
第 3 位	P	B	P	C	B	C

C= 克林顿，B= 布什，P= 佩罗

来源：塔巴洛克（2001），表 2

循环赛的结果

	克林顿	布什	佩罗
克林顿	−	◯1405 人	◯1784 人
布什	✗1084 人	−	◯1477 人
佩罗	✗705 人	✗1012 人	−

可见，在克林顿对布什的多数决中，克林顿以 1405 比 1084 胜出。

以此类推，我们将循环赛的结果总结如下。

- 在克林顿对布什的多数决中，克林顿以 1405 比 1084 胜出。
- 在克林顿对佩罗的多数决中，克林顿以 1784 比 705 胜出。
- 在布什对佩罗的多数决中，布什以 1477 比 1012 胜出。

也就是说，克林顿在和布什以及佩罗的多数决中均会胜出。像克林顿这样在和所有其他选项的双向多数决中全部获胜的选项称为**全胜者**。从定义来看，全胜者实为"反映多数意见"的选项。另外，全胜者的英文为"Pairwise Majority Rule Winner"，直译便是"在双向多数对决中获得全胜的人"。鉴于名字较长，本书中简称为全胜者。

与此相对，佩罗同时输给了克林顿和布什，与克林顿形成鲜明对比。第 1 章中也曾提到，像佩罗这样在和所有其他选项的双向多数决中全部落败的选项就是**全败者**。

我们将循环赛的结果整合起来，就能形成 3 人整体的排序。第一位是全胜者克林顿，第三位是全败者佩罗。布什虽输给了克林顿，却战胜了佩罗，因此位列第二，排在两者中间。

图表 3-3
▶用分差解决投票悖论

排序

人数	6	5	2
第 1 位	A	B	C
第 2 位	B	C	A
第 3 位	C	A	B

解决投票悖论

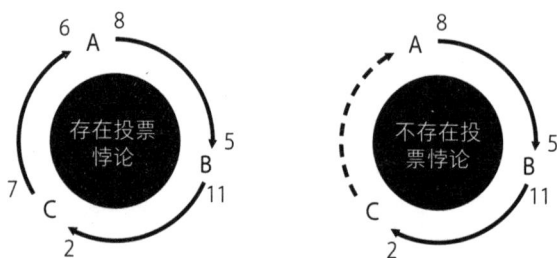

去除分差较小的 A 对 C 后，形成 "A → B → C" 的排序

斩断"投票悖论"

　　下面来思考**图表 3-3** 的事例，即既没有全胜者也没有全败者，且存在投票悖论的情况。该事例共有 13 名选民，A、B、C 三个选项。

　　循环赛的结果如下：

　　　　[结果 1] 在 A 对 B 中，A 以 8 比 5 胜出。

　　　　[结果 2] 在 B 对 C 中，B 以 11 比 2 胜出。

　　　　[结果 3] 在 C 对 A 中，C 以 7 比 6 胜出。

　　A 战胜 B，B 战胜 C，C 战胜 A，出现了投票悖论。哪个选项都不是全胜者，也不是全败者。

　　妥善解决投票悖论的方法之一是去掉得票差最小的一组结果。在本例中，我们去掉得票差最小的 [结果 3]，然后根据 [结果 1] 和 [结果 2] 确定排序为"A、B、C"。正如采用循环赛制的足球比赛要考虑净胜球，此时选票计数也要考虑得票差（不过分差的计算方法不同）。

　　这种消除法的依据如下：[结果 1] 的得票差为 3 票，[结果 2] 的得票差高达 9 票，而 [结果 3] 的得票差仅有 1 票，该结果靠微弱差异勉强成立。对比来看，[结果 3] 的优先度相对较低。

　　这种消除法由 18 世纪后期率先开展投票悖论和全胜者研究的法国学者孔多塞（Condorcet）提出。只不过，这个方法在选项多于

4 个时无效。

有一个办法可以让孔多塞投票悖论的解决方法在选项多于 4 个时也能奏效，但本书不做具体介绍。即当不存在全胜者时，可用名为最大似然法的数理统计学手段求得"最接近全胜者的选项"。该办法是高度提炼的数学手段，但原理复杂难懂。在全民参与的民主主义选举方式中，让多数人理解原理并产生认同感是非常重要的，因此最大似然法的实用性不算很强（故本书不做具体介绍）。

投票悖论使会议为主席服务

存在投票悖论时，会议的审议流程将对结果产生巨大影响。主持会议的主席如果能准确预测参会者的想法，**就能通过操作提出议案的顺序达到自己想要的结果**。让我们再仔细分析一下上文中循环赛的结果。

[结果 1] 在 A 对 B 中，A 以 8 比 5 胜出。

[结果 2] 在 B 对 C 中，B 以 11 比 2 胜出。

[结果 3] 在 C 对 A 中，C 以 7 比 6 胜出。

这场循环赛中虽然存在投票悖论，但 C 可视为不受欢迎的选项。事实上，对比这三个结果可知，C 战胜 A 的 [结果 3] 得票差最小。不仅如此，C 在简单多数决中以 2 票排在最末位，即使采用二轮决选也无法进入第二轮投票。在博尔达计数法中，C 的得分也最低（22 分），排在最末位。

不过，我们假设主席希望 C 获胜。只要调整审议流程就能实现这一愿望。具体做法是，主席先让参会者在 A 和 B 之间进行多数决投票。于是 A 以 8 比 5 战胜 B。其次，主席让胜出的 A 和中意的 C 进行多数决投票。C 将以 7 比 6 战胜 A。这样 C 就胜出了。在对议案分别进行双向多数决的会议中，审议流程的制定和他淘汰赛赛程表的制定也是如此（**图表 3-4**）。制定淘汰赛赛程时，把中意的选项的首战直接安排到决赛即可。

在这个事例中，如果主席希望 A 或 B 获胜，当然也可以通过该手段达到目的。这时，主席在实质上变成了一名独裁者，为私

图表 3-4
▶一旦出现投票悖论，会议便可为主席服务

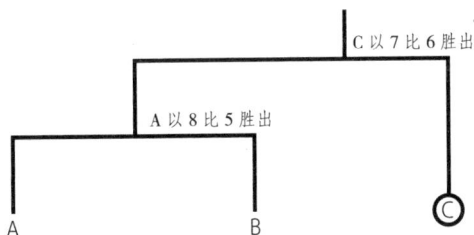

C 以 7 比 6 胜出

A 以 8 比 5 胜出

A　　　B　　　Ⓒ

存在投票悖论时，只要把希望通过的议案巧妙地排在最后，就一定能使其通过。

利在多数决流程上做手脚，使结果如己所愿。而且，表面上采用多数决掩盖独裁，会使人们难以分辨。

　　为防止这类独裁，我们需要同时对所有选项进行投票，不能分别投票。而在这种情况下，要防止选票分流，就不能采用简单多数决。

第 4 章

决策方法决定历史

博尔达计数法不会引起选票分流，得到广泛支持的候选人在选举中最占优势。这是件好事，不过是对谁而言的呢？当然是对投票者们。那么，对于像奴隶那样被排除在选举之外的人们又如何呢？如果大多数投票者支持种族歧视，博尔达计数法自然会让支持种族歧视的候选人胜出。"奴隶解放之父"林肯在多数决选举中击败其他对手，成为第十六任美国总统。而如果采用博尔达计数法，他便不会赢得选举。可见决策方法还决定了平等化进程的走向。

历届总统中评价最高的林肯

投票权不是人类社会出现时便存在的。日本首次举行选举是

1890 年，即大日本帝国宪法颁布后的第二年。当时只有 25 岁以上的高收入男子拥有投票权。大正民主运动后，自 1925 年起，无论收入多少，凡 25 岁以上男子均可参加投票。而 20 岁以上国民不论男女均可投票则是从"二战"战败后的 1945 年开始的。2016 年，该年龄限制下调至 18 岁。

在美国，《1965 年投票权法》的实施让所有非裔美国人拥有了投票权。在此之前，1870 年出台的合众国宪法修正案第 15 条虽然规定投票权的赋予不得以肤色为条件，但由于识字测试、投票税等条件，很多有色人种实质上被排除在选举活动之外。宪法的落实花费了将近一个世纪之久。

1870 年的这项宪法修正案可追溯至林肯总统于 1863 年发布的《解放黑人奴隶宣言》。在此之前，美国的很多州从建国前便承认将非洲人或其子孙当作奴隶为合法行为。

《解放黑人奴隶宣言》具有重大的历史意义，如今林肯依然深受人民爱戴。2015 年《华盛顿邮报》调查了美国政治科学会 163 名历届会长等成员对美国历任总统的评价，结果林肯战胜首任总统华盛顿，夺得榜首[1]。

林肯被称为"奴隶解放之父"，而在他当选总统的 1860 年，美国南部各州占总人口三分之一以上的奴隶尚没有投票权。呼吁奴隶解放的林肯赢得总统选举并非水到渠成。

---

① 《华盛顿邮报》，2015 年 2 月 16 日。

林肯当选是拜选票分流所赐？

1860 年，美国尚未确立两党制，当年共有 4 名主要候选人参加总统选举。他们按全美选民普选票数从多到少依次是共和党的林肯、北方民主党的道格拉斯（Stephen Douglas）、南方民主党的布雷肯里奇（John C. Breckinridge）和宪政联合党的贝尔（John Bell）。

这四人当中，只有林肯对奴隶制持否定态度。他的最大对手是肯定奴隶制的道格拉斯。

美国总统选举由各州的选民进行多数决。每个州得票最多的总统候选人将成为该州推选的候选人，赢得按人口比例分配给该州的全部"选举人票"（缅因州和内布拉斯加州除外）。不管是以微弱优势还是压倒性优势，排名第一的候选人都会赢得该州的所有选举人票，最终选举人票的总和便是候选人的总得分。

从选举期间的情况来看，林肯或将在反对奴隶制的北部各州以微弱优势胜出，在肯定奴隶制的南部各州惨败。林肯获得的美国国民普选票数占比不到 40%。以下两个推论应该是合理的：

（1）布雷肯里奇比道格拉斯更支持奴隶制，因此两者之间存在选票分流。

（2）林肯是唯一反对奴隶制的候选人，因此在支持奴隶制的选民心中，林肯排在 4 名候选人的最末位。

如此一来，我们自然会产生这样的疑问：林肯是不是借助多数决引发的选票分流才赢得了大选？如果采用不存在选票分流的博尔达计数法，他是不是就赢不了呢？

针对这一推论，将理性选择理论引入政治学的先驱——罗彻斯特大学的威廉·里克尔 (William Harrison Riker) 教授进行了细致深入地验证。他在 1982 年发表的著作《自由主义与民粹主义》（*Liberalism Against Populism*）中分析了这一问题。不过，虽说是分析，1860 年的大型民意调查数据并未留存下来。于是，里克尔结合当时的政治情况和实际选举数据，推测出了各地区的排名分布。例如，里克尔做出了以下推论。

- 从 1860 年的实际选举数据来看，南部密苏里州给道格拉斯投票的选民共计 58,801 人。
- 他们将道格拉斯排在第 1 位。
- 至于第 2 位，应该是思想和道格拉斯相对接近的布雷肯里奇。
- 呼吁奴隶解放的林肯理应是他们最讨厌的候选人，排在第 4 位。
- 剩下的贝尔是第 3 位。

里克尔通过以上推论判定密苏里州 58,801 人的排序从高到低依次是"道格拉斯、布雷肯里奇、贝尔、林肯"。

4 名候选人共能产生 24 种排序，"道格拉斯、布雷肯里奇、贝尔、林肯"是其中的一种。里克尔把密苏里州的 58,801 人添加至这种排序下。

通过反复进行这一操作，里克尔推断出 24 种排序分别对应的选民数，并将每种排序的选民数整理成表，据此分析了"谁会赢得非多数决选举"。

林肯在博尔达计数法下会落败

里克尔得出的一个结论是，如果采用博尔达计数法，全美选民的投票数由多到少依次为"道格拉斯、贝尔、林肯、布雷肯里奇"。里克尔同时研究了博尔达计数法以外的其他方法，而**能让林肯获胜的就只有多数决**。

这一系列分析是对过去情况的推测，对排序的推测难免粗略。不过，里克尔这项研究的后续研究也得出了相同结论。在此将这些结论总结如下：

林肯在多数决以外的方法中会落败。布雷肯里奇在多数决等大部分决策方法中都会落败。如果布雷肯里奇没有参加 1860 年的总统选举，他和道格拉斯之间就不会出现选票分流，道格拉斯便会当选总统。

博尔达计数法不会引发选票分流，比多数决更能准确体现人们的想法。因此，**如果 1860 年的总统选举采用了博尔达计数法，**

林肯应该会遭到淘汰，《解放黑人奴隶宣言》也就不会发布。无论是博尔达计数法还是多数决，任何决策方法都只是导出结果的手段。而博尔达计数法这种手段能够更准确地体现选民的想法。所以，当选举资格只被赋予特定人种且他们整体支持种族歧视时，博尔达计数法便会导出那样的结果。

从准确体现选民想法的角度来看，博尔达计数法是非常优秀的手段，但这并不意味着它导出的结果从善恶的角度来看也是优秀的。结果是善是恶取决于选民的想法。

说到底，不论是多数决还是博尔达计数法，只要大多数选民期望歧视特定群体，投票结果就会支持歧视。这种结果只能依靠人或制度来规避。即要么树立反对歧视的道德规范，要么限制投票不能产生歧视性结果。通过宪法保障人权，杜绝投票侵犯人权的现象便属于后者，即依靠制度。

同意修正却未能立法的"鲍威尔修正案"

在 1863 年的南北战争中，林肯总统颁布了《解放黑人奴隶宣言》。1868 年，作为这一宣言的延伸，美利坚合众国宪法中加入第十四条修正案。该修正案涉及各人种间的平等，被称为"平等保护条款"。不过，它的加入并不意味着人种不平等随即从美国社会消失了。解放黑奴和修正宪法都不代表平等的实现。

美国的学校教育长久以来执行"隔离但平等"方针，黑人和白人的学校是分开的。这一现象直到 1954 年才被美国最高法院判为违反平等保护条款。人们将这场 9 名法官一致判决违宪的案例称为"布朗案"。

原告之一的布朗，是在堪萨斯州做焊工的非裔美国人。他的女儿琳达上小学 3 年级，每天不得不搭乘校车到很远的"有色人种专属小学"上学。布朗认为这违法，便起诉了教育局。然而，布朗案的判决在很长一段时间未被州政府和国家政府接受。

"违宪判决"听起来很严重，但如果没有得到重视并落实，便只是徒有呼声而已。管他法律还是违宪判决，文字本身不过是纸上的墨水。

1956 年，时任总统的艾森豪威尔欲在联邦议会上通过一项为学校建设提供补助金的法案。当时艾森豪威尔隶属共和党，而民主党在联邦议会中占据优势，两方正处在"较劲状态"。不过，该法案是在两党的事前协商下制定的。虽然部分主张教育应由地方而非国家管辖的议员对这项法案持否定意见，但是经过协商制定的法案通常按道理应得到通过。然而事实并未如此顺利。

议会上发生了什么？

首先，出身贫困阶层的非裔议员鲍威尔提出增加一项条件，"不遵守布朗案判决结果的地区，国家不给那里的学校拨款"。

这个意见合情合理。国家不应给建设人种隔离的违宪小学提供补助金。鲍威尔要求修正法案，给法案增加适用条件。

针对是否采纳鲍威尔的提议并修正法案，议会进行了多数决。

结果以229比197的赞成多数通过，鲍威尔提议修正法案一事将成为定局。

但是，这一结果不代表修正案将成为法律，充其量只是同意"修正"尚未立法的法案。关键在于接下来决定是否将鲍威尔修正案制定为法律、即"立法"的多数决，而这次多数决以199比227的反对多数告终。鲍威尔修正案由此未能通过，成为废案。

一般认为，赞成鲍威尔修正提议的人也会赞成由此诞生的修正案立法。可是，不少人没有那样做。反对补助金草案的议员却对鲍威尔的修正提议投了赞成票，而这又激起了"不反对补助金但反对鲍威尔的修正提议"的议员的反对，导致修正案遭否决。

如果直接用草案进行多数决，赞成应该会占多数。而法案一旦遭到废弃，就没有再次挑战的机会。因为根据**"一事不再议原则"**，每项议案只能审议一次。

在该议会上，企图阻止补助金法案通过的人或许利用了投票悖论。实际上，我们用循环赛的形式比较"草案、鲍威尔修正案、废案"这三个选项，会出现以下结果。

- 草案战胜废案（这样推测比较合理）
- 鲍威尔修正案战胜草案（实际多数决的结果）
- 废案战胜鲍威尔修正案（实际多数决的结果）

罗伯特议事规则与议事操作

会议上，参会人通常不会从零开始制定决策，而是从讨论事先整理好的草案开始。鲍威尔提出修正前的艾森豪威尔草案便是一例。而且，为有效用好会议的有限时间，人们制定了使议事进行得更顺利的规则。

其中，罗伯特议事规则是尤其著名的规则集。

它的作者亨利·马丁·罗伯特 (Henry Martyn Robert) 是一名美国陆军军人，在南北战争期间隶属林肯旗下的北军，参与防卫北部华盛顿，最终升至准将。他根据自身经历制定了议事程序的规则，整理成一本《罗伯特议事规则》（*Robert's Rules of Order*），于 1876 年出版。另外，罗伯特的子孙继承了出版这本书的家族产业，如今仍在推出修订版。

罗伯特议事规则常会根据应用主体的不同，加入一些变化，不过它们都遵循一个原则——"和草案对抗的修正案只能有一个"。在罗伯特议事规则中，修正案是这样制作出来的。

假设现在有一份计划"召开包括策划 A 和 B 的研讨会"的草案。

对此，假设会上有人提出"策划 A 与研讨会主题不符，应去掉"。不过，这时去掉策划 A 的意见尚未被认定为正式提议。如果有一个人站出来表示自己赞同这一提议，愿意成为附议者（second），该提议就会得到认可，成为表决对象。另外，附议者指除当事人以外赞同该提议的人。在罗伯特议事规则下，没有附议者的动议，即除提议人之外无人表示赞同的提议不能作为表决的对象。

　　在这里，我们将去掉策划 A 的研讨会方案称为"修正案 A"。此时，修正案 A 是草案的唯一对手。

　　但是，假设此时另有一人提出"应该把策划 B 也去掉"，且得到了附议者的支持。我们假设以上便是所有论点。我们把从草案中同时去掉策划 A 和 B 的方案称为修正案 AB。

　　这种情况下，罗伯特议事规则将如何制定对抗草案的修正案呢？制定分两大步（**图表 4-1**）。

　　（1）对"是否从修正案 A（从草案中去掉策划 A）中再去掉
　　　　策划 B"进行多数决。也就是说，对修正案 A 和修正案
　　　　AB 进行多数决。如果多数人赞成去掉策划 B，修正案
　　　　AB 便成为最终修正案；如果多数人反对去掉策划 B，
　　　　则修正案 A 将成为最终的修正案。
　　（2）最终修正案和草案进行多数决，票数多的一方成为决案。

　　假设参会人的排序如**图表 4-2**所示。修正案 A 以 5 比 4 战胜修正案 AB，当选为最终修正案。之后，修正案 A 又以 7 比 2 战胜草案，当选为决案。

图表 4-1

▶罗伯特议事规则的修正步骤

会议上提出的选项

1. 草案   包括策划 A 和 B

2. 修正案 A   根据"应从草案中去掉策划 A"的提议制定而成

3. 修正案 AB   根据"应从修正案 A 中再去掉 B"的提议制定而成

※ 从草案中去掉策划 B 的"修正案 B"未在会上出现

议事程序

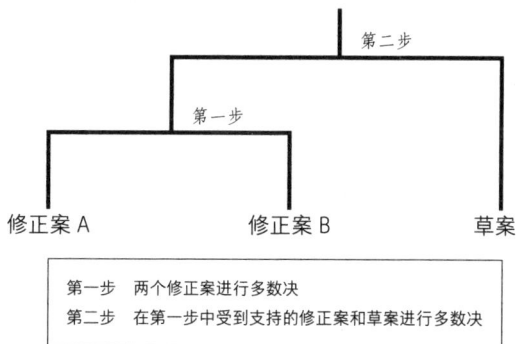

第二步

第一步

修正案 A   修正案 B   草案

第一步   两个修正案进行多数决
第二步   在第一步中受到支持的修正案和草案进行多数决

图表 4-2

▶在罗伯特议事规则下，发言时机可以改变结果

排序

人数	2	2	3	2
第 1 位	草案	A	B	AB
第 2 位	AB	草案	A	B
第 3 位	B	AB	草案	A
第 4 位	A	B	AB	草案

循环赛的结果

	草案	A	B	AB
草案	–	✗2	✗4	◯7
A	◯7	–	✗2	◯5
B	◯5	◯7	–	✗3
AB	✗2	✗4	◯6	–

> 如果会上先提出修正案 A，结果便是 A 胜出
> 如果会上先提出修正案 B，结果便是草案胜出

改变提案顺序可操控结果

有意思的是，在这一系列步骤中，我们看不到修正案 B，即只从草案中去掉策划 B 的修正案。这是由于是否去掉策划 A 在会上最先成为论点。但是，修正案 B 恐怕也不是不值得讨论的方案。

实际上，在这个案例中，修正案 B 不仅是多数决和博尔达计数法中的赢家，它在任何计数法下都会胜出。

在罗伯特议事规则下，发言顺序很大程度上影响了修正案的制定。发言顺序决定了多数决淘汰赛的"赛程"，而草案相当于淘汰赛最顶端的种子选手。

如果把发言顺序反过来，先提出"应该去掉策划 B"，再提出"还应该去掉策划 A"，结果又会如何？在决定最终修正案的阶段，修正案 B 将和修正案 AB 进行多数决。于是，修正案 AB 会以 6（=2+2+2）比 3 胜出。然而，在之后和草案的对决中，修正案 AB 会以 2 比 7（=2+3+2）落败。

即便人们对选项的排序不变，发言时机的变化也会影响投票结果（是修正案 A 还是草案）。而不论发言顺序如何，所有计数法下的赢家 B 都绝对不会被选中。这是投票悖论从中作梗。

由此可以发现，罗伯特议事规则的最大特点在于使会议尽快结束。因为这种规则让选项两两一组进行多数决，一旦落败就再也得不到其他对决的机会。在鲍威尔修正案的例子中，输给鲍威尔修正案的艾森豪威尔草案就没能得到和"废案"这一选项对决的机会。

　　我在此重申，决策方法决定了结果。正是多数决这一决策方法成就了林肯的胜利，《解放黑人奴隶宣言》才得以出台。此后，宪法中虽然加入了平等保护条例，但不代表文字的内容会自动落实。正如围绕鲍威尔修正案展开的议事过程所示，决策方法在落实阶段也会左右结果。接下来，本书第 2 部分将比较各种决策方法，深入探讨哪种决策方法在任何意义上都表现出色。

第

2

部分

哪种决策方法最适合选项多于三个的投票

第 5 章

盘点决策方法——全胜者与全败者

看似理想的决策方法有很多，问题在于它们当中哪种才是真正优秀的决策方法。本章将以选择全胜者和排除全败者为标准，探讨多数决、二轮决选、多轮淘汰决选、博尔达计数法以及认可投票等决策方法中的哪种在任何意义上都表现出色。正如建筑需要足够的抗震性，决策方法也需要充分体现人们的想法。下面来测试各种决策方法能否选出支持率高的选项，排除支持率低的选项。

5 种决策方法产生 5 种结果的"努尔密的反例"

本书已多次提到决策方法决定结果。现在我们来深入推敲这个堪称原点的事实，盘点哪种决策方法在任何意义上都表现出色。芬兰图尔库大学的决策方法研究员汉努·努尔密（Hannu

Nurmi）教授所提出的 9 名选民和 5 个选项的事例（**图表 5-1**）
非常适合这项工作。

在这个事例中，5 个选项之间不存在投票悖论，每两项进行
多数决的结果排序从高到低依次是"C、D、E、B、A"，没有相
互矛盾之处。

这个事例共有 5 个选项，下面证实 5 种决策方法分别会选出
不同的选项。

首先来看多数决。在多数决中，每个选民只能在选票上填写
一个人的名字。因此，A 会以最多的 4 票胜出。如果将选举结果
解释为民意，此时 A 是民意的体现，然而，A 在多数决的循环赛

图表 5-1
▶ 5 种决策方法结果各不相同的"努尔密的反例"（1）

排序

人数	4	3	2
第 1 位	A	B	C
第 2 位	D	C	E
第 3 位	E	D	D
第 4 位	C	E	B
第 5 位	B	A	A

来源：努尔密（1992）

中是完败的全败者，在和其他选项的一对一多数决中无一胜出。故称其为民意未免牵强。

　　那么，二轮决选会选出哪个选项呢？第一轮多数决中，得 4 票的 A 和得 3 票的 B 分列前两名。在 A 和 B 的第二轮多数决中，支持 C 的两个人会把票投给相对支持的 B，因此 B 会以 5 比 4 胜出。也就是说 B 是二轮决选的胜者。那么，B 才是真正的民意吗？

　　遗憾的是，在 B 和 C 的多数决中，C 以 6 比 3 战胜 B。比起 B，三分之二的选民更支持 C。你不认为 C 比 B 更能体现民意吗？再者，C 不仅战胜 B，在和其他任意选项的一对一多数决中都会胜出。即 C 是在循环赛中全战全胜的全胜者。我们暂且将选出全胜者的决策方法称为**孔多塞规则**。孔多塞规则选择的是 C（**图表 5-2**）。

　　博尔达计数法又会做出什么选择？结论是：D 将得到最多的 31（=4×4+3×5）分胜出。

　　让我们暂时梳理一下结果。多数决选择的是 A，二轮决选选择的是 B，孔多塞规则选择的是 C，而博尔达计数法选择的是 D。

　　那么，选择 E 的决策方法是哪一种？答案是**认可投票**。所谓认可投票，即选民给自己能接受的选项画圈投票，不限个数。得票最多的选项胜出。这种决策方法的特点是每个人画圈的个数不受限制。这一点和上文介绍的所有决策方法有着本质上的差异。假设选民们画圈的情况如图表 5-3。此时，认可投票选出的是获得最多 6 个圈的 E。

　　以上的结论便是：**5 种决策方法得出的结果各不相同（图表 5-3）**。

图表 5-2
▶ "努尔密的反例"（2）

	1. 多数决的结果		2. 二轮决选的结果

选项	票数		选项	票数
Ⓐ	4		Ⓑ	5
B	3		A	4
C	2			
D	0			
E	0			

3. 孔多塞规则的结果

	A	B	C	D	E
Ⓐ 全败者	–	✗4	✗4	✗4	✗4
B	○5	–	✗3	✗3	✗3
Ⓒ 全胜者	○5	○6	–	○5	○5
D	○5	○6	✗4	–	○7
E	○5	○6	✗4	✗2	–

图表 5-3
▶ "努尔密的反例"（3）

4. 博尔达计数法的结果
（第 1 位计 5 分，第 2 位计 4 分，第 3
位计 3 分，第 4 位计 2 分，第 5 位计 1 分）

选项	票数
Ⓓ	31
C	30
E	26
A	25
B	23

5. 认可投票的结果

选项	票数
Ⓔ	6
C	5
A	4
D	4
B	3

※ 认可投票的票数分布

人数	4	3	2
第 1 位	⭕A	⭕B	⭕C
第 2 位	⭕D	⭕C	⭕E
第 3 位	⭕E	D	D
第 4 位	C	E	B
第 5 位	B	A	A

5 种决策方法的结果各不相同

决策方法	获胜选项
多数决	A
二轮决选	B
孔多塞规则	C
博尔达计数法	D
认可投票	E

选择不同的决策方法可以颠覆选举结果。这样想来，"选举体现民意"的说法便很难成立。如果反映民意的初衷在选择作为手段的决策方法时出现了变化，行为的目的就不再是"反映民意"，而只是"使用决策方法"。选举结果充其量只是选举结果，通过应用决策方法才能产生。先有决策方法，才会有选举结果。

因此，**我们应该树立的目标或者说有能力实现的目标不是探寻真实存在的民意，而是选择一种可靠的决策方法**。该决策方法选出的选项有时也许就会带有让任何人都认同其为民意的强烈说服力。

绝不选出全败者的决策方法

在以上五种决策方法中，哪一种是优秀的呢？

首先要明确的是，在任何一场双向多数决中都得不到过半数支持的全败者是真正意义上的"少数意见"。

那么全败者 A 为何能在选项多于三个的多数决中胜出？其原因在于其他选项之间的相互蚕食。因此，我们把避免选项相互蚕食并不让全败者胜出设为判定决策方法性能的一项标准。

并且，对于绝不会让全败者胜出，即无论选民、选项的数量和排序如何，全败者都不会胜出的决策方法，我们称其满足**全败者标准**。不用说，多数决肯定不满足全败者标准。

认可投票根据画圈的情况也可能选出全败者。假设所有选民都只给第 1 位画圈，它在实质上便和多数决无异。如果是**图表 5-4**的事例，得到 4 个圈的全败者 A 便会胜出。

余下的 3 种决策方法——二轮决选、孔多塞规则和博尔达计数法均满足全败者标准。那么接下来，我们把全胜者存在时一定会被选出称为**全胜者标准**，思考这三种决策方法是否满足该标准。

孔多塞规则的定义即选择全胜者的决策方法，因此必然满足全胜者标准。二轮决选和博尔达计数法则不满足全胜者标准（在

图表 5-4

▶认可投票可能选出"全败者"

9 名选民的排序

人数	4	3	2
第 1 位	◯A	◯B	◯C
第 2 位	D	C	E
第 3 位	E	D	D
第 4 位	C	E	B
第 5 位	B	A	A

选民只认可第 1 位选项时，认可投票和多数决的结果相同。

来源：努尔密（1992）

上文的事例中它们也没有选出全胜者 C）。不过，**孔多塞规则也有其缺陷，那便是不存在全胜者就选不出结果**。我们寻求的是集体制定最终决策的方法，选不出结果就达不到目的。

于是，问题变得有些复杂。

能否只在没有全胜者时使用博尔达计数法或其他决策方法？这样做在选择上缺乏一致性。全胜者和博尔达计数法的胜者在性质上有很大差异。前者是两两比较中的最强者，而后者是所有选项中相对排位最高的选项。为何只在没有全胜者时使用博尔达计数法？如果认可博尔达计数法的优势，那为何不统一采用这种方法？这岂不是看情况决定哪个是胜者的把戏吗？

当全胜者不存在时，**孔多塞－杨的最大似然法**可以计算出最接近全胜者的选项。不过，这种计算是用来解决数理统计学中最大化问题的方法，一般民众很难理解。在全民参与而非少数精英掌控的民主政治中，决策方法的关键在于使多数人理解决策系统并认同该方法。因此，孔多塞－杨的最大似然法很难称得上实用性强（因此本书不做详细介绍）。

在"一定程度上"尊重全胜者标准的决策方法

于是，我们尝试放宽全胜者标准：存在全胜者时，不要求一定"选择它（使它成为第 1 位）"，但至少要"尊重它，保证它不落到最末位"。

事实上，**博尔达计数法虽然有时无法让全胜者胜出，但肯定不会让它落到最末位**。严格来讲，证实这一说法需要缜密的推导，但此处只是我的直观感受。既然全胜者在和任意选项的对决中都能胜出，在人们的排序中肯定也应该处于较高的位置。因此，该选项在博尔达计数法下的得分势必也很高，肯定不会沦落到最末位。换句话说，博尔达计数法对全胜者有一定的尊重。

与其相对，二轮决选可能让全胜者排到最末位。即使是全胜者，也有可能在第一轮多数决中最先被淘汰。例如在**图表 5-5** 的例子中，C 是全胜者，但二轮决选的第一轮多数决会将只得到 1 票的 C 淘汰。

博尔达计数法不仅满足全败者标准，还满足放宽后的全胜者标准。并且它的定义简单，容易被大众理解。可见经过多方验证，还是博尔达计数法表现出色。

博尔达计数法属于按排名计分的计数法 (scoring rule)。计数法有很多种，为什么一定要采用博尔达计数法？其中有什么特殊缘由？下一章将验证这类问题。

图表 5-5
▶二轮决选有时会让"全胜者"排在最末位

排序

人数	10	10	1
第 1 位	A	B	C
第 2 位	C	C	A
第 3 位	B	A	B

循环赛的结果

	A	B	C
A	–	⭕11	❌10
B （全败者）	❌10	–	❌10
© （全胜者）	⭕11	⭕11	–

第6章

哪种计数规则最好？

存在三个选项时，博尔达计数法的计数规则为"第1位计3分，第2位计2分，第3位计1分"。此外还有很多其他计数规则。例如，道达尔计数法是"第1位计1分，第2位计1/2分，第3位计1/3分"，多数决则是"第1位计1分，第2位以下全部计0分"。这些按排名计分的决策方法统称为计数法。哪种方法在任何意义上都是理想的呢？

为何敢说博尔达计数法的计数规则好？

在无穷无尽的计数规则中，为什么博尔达计数法最理想？上文已论证，这种计数规则可以避免在所有双向多数决中落败的全败者成为第一位（即满足全败者标准）。

　　在历史上，18 世纪法国海军的科学家博尔达批判多数决将全败者选为第一，并提出多数决的替代方案——计数法。其中，他针对博尔达计数法展开深入探讨，但并未论述博尔达计数法的计数规则为什么是理想的。博尔达在论述中引用了下面这则 21 名选民和 3 个选项 A、B、C 的事例（**图表 6-1**）。

　　其中，A 在和 B 及 C 的单独多数决中均落败，即全败者（均以 8 比 13 落败）。但如果采用多数决，A 会以最多的 8 票胜出。因为 B 和 C 之间出现了选票分流。博尔达将这种现象形容为"两个疲惫不堪的运动员被最弱的第三人击败"。而在这个事例中，B 是全胜者。

　　于是，博尔达计数法选出的是 B（A 得到 37 分，B 得到 45 分，C 得到 44 分）。全败者 A 没有被选中。如果采用不同于博尔达计数法的其他计数规则，会产生什么样的结果？比如，我们尝试采用"第 1 位计 1 分，第 2 位计 1/2 分，第 3 位计 1/3 分"的**道达尔计数法**。这是太平洋岛国瑙鲁在国会议员选举中采用的决策方法。道达尔是 20 世纪 60 年代瑙鲁恢复独立时的司法部长的名字，他也是这种方法的创始人。

　　在这个事例中，道达尔计数法选择的是 B（A 约为 12.3 分，B 约为 13.3 分，C 约为 12.8 分）。也就是说，道达尔计数法在这个事例中和博尔达计数法一样都没有让全败者 A 当选。

　　由此可见，仅凭这个事例不足以证明博尔达计数法的计数规则更加理想。

图表 6-1

▶道达尔计数法有时不会选出"全败者"

排序

人数	4	4	7	6
第 1 位	A	A	B	C
第 2 位	B	C	C	B
第 3 位	C	B	A	A

来源：博尔达（1784）

循环赛的结果

	A	B	C
A （全败者）	–	✗8	✗8
Ⓑ （全胜者）	◯13	–	◯11
C	◯13	✗10	–

多数决的结果

选项	票数
Ⓐ	8
B	7
C	6

博尔达计数法的结果
（第 1 位计 3 分，第 2 位计 2 分，第 3 位计 1 分）

选项	票数
Ⓑ	45
C	44
A	37

道达尔计数法的结果
（第 1 位计 1 分，第 2 位计 1/2 分，第 3 位计 1/3 分）

选项	分数
Ⓑ	约 13.3
C	约 12.8
A	约 12.3

那么，博尔达计数法和道达尔计数法是否有本质性的差异？从结论来说，确实有。**博尔达计数法在任何情况下都不会选出全败者，而道达尔计数法做不到**。我们来看**图表6-2**的事例。

在这个事例中，A是全败者（在和B及C的单独对决中均以11比12落败）。然而，如果用道达尔计数法进行统计，分数最高的是A（A得到15分，B得到约13.7分，C得到13.5分）。另一方面，如果采用博尔达计数法，得分最高的就是B（A得到45分，B得到47分，C得到46分）。顺带一提，B还是该事例中的全胜者。

无论何时都不让全败者胜出是体现抑制选票分流的能力的标准。而人们已经证实，在无穷尽的计数法中，只有博尔达计数法符合这一标准。换言之，即使是和博尔达计数法极为相似的计数法，也必定会在某种情况下让全败者胜出。从这个意义上来讲，博尔达计数法比其他计数法更能如实地反映选民的想法。

计数法有时选不出全胜者

计数法包括各种不同种类，在图书奖项的评选中经常采用这种方法。下面举三个实例。

图表 6-2

▶道达尔计数法可能选出"全败者"

排序

人数	6	6	5	6
第 1 位	C	B	A	A
第 2 位	B	C	C	B
第 3 位	A	A	B	C

循环赛的结果

	A	B	C
A（全败者）	–	✗11	✗11
Ⓑ（全胜者）	○12	–	○12
C	○12	✗11	–

多数决的结果		博尔达计数法的结果 （第1位计3分，第2位计2分， 第3位计1分）		道达尔计数法的结果 （第1位计1分，第2位计1/2分， 第3位计1/3分）	
选项	票数	选项	票数	选项	分数
Ⓐ	11	Ⓑ	47	Ⓐ	15.0
B	6	C	46	B	约13.7
C	6	A	45	C	13.5

- 书店大奖的复审（由书店店员主办）：第 1 位计 3 分，第 2 位计 2 分，第 3 位计 1.5 分，类似于列出前三名排序的博尔达计数法；
- 漫画大奖的复审（由书店店员主办）：第 1 位计 3 分，第 2 位计 2 分，第 3 位计 1 分，即列出前三名排序的博尔达计数法；
- 新书大奖的评审（由中央公论新社主办）：第 1 位计 10 分，第 2 位计 7 分，第 3 位计 5 分，第 4 位计 4 分，第 5 位计 3 分。

博尔达于 1770 年在法国科学院发表有关计数法（重点在博尔达计数法）的研究。其论文收录于 1781 年科学院年报，并于 1784 年公开。推动博尔达论文出版的是年报编辑、法国科学院的终身秘书孔多塞。孔多塞在年报中为博尔达的论文写了一篇解说，还在 1785 年出版了大作《概率分析的应用》[1]，围绕投票正式开始了以陪审团定理为首的数理分析。

孔多塞对包括博尔达计数法在内的计数法整体持否定态度。他虽然也认同"不选出全败者"的重要性，但更重视"选择全胜者"，而计数法未必总会使全胜者胜出。孔多塞用**图表 6-3**的事例说明了这一点。在该事例中，A 是全胜者，但无论采用哪种计数规则，计数法都会选择 B。

---

[1] Marquis de Condorcet（1785[1972]）, *Essai sur l'application de l'analyse à la probabilité des décisions rendues à la pluralité des voix*, reprinted by Chelsea Publishing Company.

图表 6-3

▶计数法有时选不出"全胜者"

排序

人数	30	1	29	10	10	1
第 1 位	A	A	B	B	C	C
第 2 位	B	C	A	C	A	B
第 3 位	C	B	C	A	B	A

来源：孔多塞（1785）

循环赛的结果

	A	B	C
Ⓐ（全胜者）	−	⭕41	⭕60
B	❌40	−	⭕69
C（全败者）	❌21	❌12	−

多数决的结果		博尔达计数法的结果 （第 1 位计 3 分，第 2 位计 2 分， 第 3 位计 1 分）		道达尔计数法的结果 （第 1 位计 1 分，第 2 位计 1/2 分， 第 3 位计 1/3 分）	
选项	票数	选项	票数	选项	分数
Ⓑ	39	Ⓑ	190	Ⓑ	约 58.2
A	31	A	182	A	约 54.2
C	11	C	114	C	约 36.2

在这则事例中，所有计数法都会使 B 当选第一。设第 1 位得 s 分，第 2 位得 t 分，第 3 位得 u 分（不过 s ≥ t ≥ u 且 s > u）。于是，

A=31s+39t+11u 分，B=39s+31t+11u 分，C=11s+11t+59u 分。

由此可见，无论 s，t，u 的值为多少，分数排名都是 B 第一，A 第二，C 第三。

孔多塞的事例设计得非常巧妙，所有计数法都会选择同一选项 B，而它并非全胜者。

克林顿在任何决策方法下都会当选

不过，在某些情况下，所有计数法可能都会选择同一选项，而且它还是全胜者。让我们以 1992 年的美国总统选举为例分析这个现象。

第 3 章曾经提到，在那场选举中，除民主党候选人克林顿和共和党候选人布什，"第三候选人"佩罗也加入了竞选。最终赢家虽然是克林顿，但美国全体普选结果却是克林顿 43%、布什 37%、佩罗 19% 的三足鼎立。"第三候选人"得票率达到 19% 的情况非常罕见。

这一结果使我们不由得做出这样一个推测：克林顿莫非是借助佩罗分流布什的选票才获胜的？政治学家塔巴洛克用民意调查数据分析了这一问题，指出该假设不成立，克林顿是当之无愧的实力派候选人。

塔巴洛克根据选民对"克林顿、布什和佩罗的排序"的民意调查数据进行了反事实推理。**图表 6-4** 总结了他所使用的 2489 人的民意调查结果。

图表 6-4

▶ 1992 年美国总统选举不论采用哪种计数法，克林顿都会获胜

排序（第二次出现）

人数	519	741	524	434	145	126
第 1 位	C	C	B	B	P	P
第 2 位	B	P	C	P	C	B
第 3 位	P	B	P	C	B	C

C= 克林顿，B= 布什，P= 佩罗
来源：塔巴洛克（2001），表 2

博尔达计数法的结果
（第 1 位计 3 分，第 2 位计 2 分，第 3 位计 1 分）

选项	分数
C	5678
B	5050
P	4206

道达尔计数法的结果
（第 1 位计 1 分，第 2 位计 1/2 分，第 3 位计 1/3 分）

选项	分数
C	约 1781
B	约 1576
P	约 1206

书店大奖规则的结果
（第 1 位计 3 分，第 2 位计 2 分，第 3 位计 1.5 分）

选项	分数
C	5958
B	5493
P	4727.5

第 7 章

按"绝对评价"做出决策——认可投票

向选民询问"认可哪个选项"的认可投票和本书此前探讨的其他决策方法有本质的区别。它收集的信息是选民对每个选项的绝对评价。因此,选民能够选择"认可所有选项"或者"不认可所有选项"。选民可以通过认可投票表明自己的判断:满足一定标准的全部认可,不满足的全部不认可。不过,选民未必都有一套"一定的标准"。状况的微妙变化可导致"一定的标准"产生心理偏差,使认可投票的结果截然不同。

行为随菜单的变化而变化

约翰·凯奇 (John Milton Cage) 是一位著名的音乐家,曾于1989 年荣获京都奖。他的代表作之一《4 分 33 秒》全篇没有一个音符，演奏时钢琴家不碰触键盘，管弦乐手不奏响乐器。凯奇还是一个知名的蘑菇爱好者，曾经在有关蘑菇的问答节目中夺冠。我行我素的凯奇在餐厅点菜时也很有主见。他在哪家餐厅都会点最贵的菜。因为他认为昂贵的菜肴肯定美味 [1]。

选择价格最贵的商品虽然不是典型的消费者行为，但在选择方针上具有一贯性。假设菜单上的菜品按价格由高到低依次是 A、B、C。此时凯奇选择的是 A。假设又加入两道廉价菜品 D 和 E，菜单扩充至 A、B、C、D、E。此时凯奇还是会选择 A，不会向第二位的 B 倾斜。菜单中增加廉价菜品对他的选择没有丝毫影响。

然而，一些消费者会比较菜单上的菜品，避免选择价格最高和最低的。他们不具备凯奇那样的一贯性。比如，有一名消费者倾向选择中间项，在松、竹、梅三个选项中就是竹。这名消费者在菜单上有 A、B、C、D、E 五道菜时会选 C，只有 A、B、C 三道菜时则会选 B。

在菜单 A、B、C 中选择 B，说明他喜欢 B 多于 C。但是，菜单扩充至 A、B、C、D、E 后，他便喜欢 C 多于 B 了。C 在选项多的菜单中被选中，在选项少的菜单中落选。这是因为选项间的排序不具备一贯性，就好比在国际赛事中夺冠的 C 到了国内比赛却拿不下冠军。花样滑冰选手、奥运会金牌得主羽生结弦要是

---

[1] 《为了逃离一切陈规》，《武满彻对谈集》（音乐之友社，1987）书中对凯奇有相关描述。虽不知有几分是正确的，不过武满文风严谨，这则轶事也很有凯奇的风格。

在日本国内的比赛中没有夺冠，外界定会觉得很诧异吧。

研究人类认知与行为的特沃斯基和西蒙森用实验证实了这种选择行为。他们准备了三台不同型号的美能达相机，询问受试者想要哪一台。三台相机分别是价位高性能好的相机 A、价位和性能都适中的相机 B、价位低性能差的相机 C。特沃斯基和西蒙森试图观察菜单结构对受试者的选择的影响。在此将实验概要总结如下。

[阶段 1] 从菜单中去掉相机 A，让受试者在相机 B 和相机 C 之间选择想要哪一台。于是，50% 的受试者选择了 B，余下的 50% 选择了 C。两台相机的人气不相上下。

[阶段 2] 将相机 A 加入菜单，让受试者在相机 A、相机 B 和相机 C 之间选择想要哪一台。结果 21% 的受试者选择了 A，57% 选择了 B，22% 选择了 C。相机 B 的人气远超其他两台相机。

当菜单中只有 B 和 C 时，半数人选择了 B。那么，新加入 A 后会发生什么变化？通常认为，竞争对手的增加会给 B 造成不利，然而事实并未如此，B 的人气不降反升。

本书的主题是如何准确地总括人们的想法，集体如何制定决策。然而，**就算是个体的想法都未必会坚定不变。人们对某个特定选项的评价会受到菜单结构的左右。**

用 "认可与否" 做选择的认可投票

　　受菜单结构影响最大的决策方法是选民将选项分为 "认可和不认可" 的**认可投票**。认可投票和本书此前探讨的其他决策方法在收集的信息上有着本质的不同。我们拿多数决与博尔达计数法和它做个比较。多数决收集的信息是选民把哪个选项排在第一位。除了第一位，博尔达计数法还收集第二、第三位的信息。两者收集的信息都是选项的排序。

　　想想考试的排名就很容易理解。排序是一种极具相对性的评价。即使自己的分数很低，只要其他考生得分更低，你的排名就会靠前。

　　认可投票不是这样。选民分别针对每个选项做出认可或不认可的评价。可以认可所有选项，也可以不认可所有选项。就好像设了一道门槛，只要具备特定性质就全部予以认可。这类似于绝对评价。

　　这种评价和相对评价有何区别？我们来思考**图表7-1**的例子。假设现在所有选民都 "只认可自己心中的第一位"（情况 1）。这实质上等同于多数决。获胜的是得到最多 5 个圈的 A。

　　那么，如果支持 A 为第一位的 5 个人同时 "认可" 了 A 和 C，结果会发生什么变化（情况 2）？ C 追加得到 5 个圈，以共计 6（=5+1）个圈获得胜利。

　　需要再次强调的是，在情况 1 和 2 中，人们对选项所做的排

图表 7-1
▶即使排序相同，绝对评价的加入也会导致结果产生变化

情况 1

	排序				结果	
人数	5	3	1		选项	支持人数
第 1 位	◯A	◯B	◯C		Ⓐ	5
第 2 位	C	C	A		B	3
第 3 位	B	A	B		C	1

情况 2

	排序				结果	
人数	5	3	1		选项	支持人数
第 1 位	◯A	◯B	◯C		Ⓒ	6
第 2 位	◯C	C	A		A	5
第 3 位	B	A	B		B	3

序完全相同。相对评价没有发生任何改变。然而绝对评价变了。

在认可投票中，绝对评价的改变会导致选票上填写的内容发生变化，最终导向不同的结果。不管多数决、博尔达计数法还是本书此前出现的任何决策方法都不会产生这种变化。因为它们根本不允许选民在选票上填写绝对评价。

受其他选项的影响——"对比效应"

那么，选民是否有能力做出确切的绝对评价？他们所谓的绝对评价是不是通过和其他选项的比较得出的？就算绝对评价中可以掺杂一些相对评价，但结果是否会因此产生微妙的变化？为解答这些问题，我们来看一看社会心理学家大坪庸介和渡边席子所做的实验。

假设有四个选项 A、B、C、D 和两名选民佐藤和高桥。

佐藤对各选项的满意度分别为 "A 是 7 分，B 是 5 分，C 是 1 分，D 是 4 分"。这种评价好比考试分数，是数字形式的绝对评价。高桥对各选项的满意度则分别为 "A 是 5 分，B 是 7 分，C 是 4 分，D 是 1 分"（**图表 7-2**）。

接下来我们思考两套不同的菜单。

首先，菜单 1 由选项 A、B、C 组成。面对这份菜单，佐藤和高桥会认可哪个选项呢？

需要注意的是各选项满意度之间相差分数的不同。人类有一

图表 7-2
▶绝对评价受其他选项的影响

排序（二次出现）

选民	佐藤	高桥
第1位	A 7分	B 7分
第2位	B 5分	A 5分
第3位	D 4分	C 4分
第4位	C 1分	D 1分

图表 7-2a 菜单1（A、B、C）时的评价

选民	第1位	第2位	第3位
佐藤	◯A 7分	◯B 5分	C 1分
高桥	◯B 7分	A 5分	C 4分

图表 7-2b 菜单1的结果

选项	认可的人
A	佐藤
Ⓑ	佐藤、高桥
C	1

图表 7-2c 菜单2（A、B、D）时的评价

选民	第1位	第2位	第3位
佐藤	◯A 7分	B 5分	D 4分
高桥	◯B 7分	◯A 5分	D 1分

图表 7-2d 菜单2的结果

选项	认可的人
Ⓐ	佐藤、高桥
B	高桥
C	—

个心理特征，在决定是否认可一个选项时，其余选项的内容对决定具有不小的影响。社会心理学将这一现象称为**对比效应**。上面的例子就存在对比效应。

- 在佐藤的满意度中，A 是 7 分，B 是 5 分，两个选项感觉较接近；C 是 1 分，和其他选项感觉较疏远。于是，在和 C 的对比下，排在前面的 A 和 B 看似是同类，因此佐藤决定同时认可 A 和 B。
- 在高桥的满意度中，A 是 5 分，C 是 4 分，两个选项感觉较接近；B 是 7 分，和其他选项感觉较疏远。于是，在和排名靠后的 A 和 C 的对比下，高桥决定只认可 B。

因此，在菜单 1 的情况下，获得佐藤和高桥各一票的 B 获胜（**图表 7-2b**）。在佐藤和高桥心中，C 是菜单上排在最后的选项。然而，C 和其他选项的相对关系却会影响绝对评价的判断，使 B 胜出。

再来思考另一套菜单——由选项 A、B、D 组成的菜单 2。菜单 1 和菜单 2 的区别在于 D 代替 C 加入了菜单。和菜单 1 中的 C 相同的是，菜单 2 中的 D 在佐藤和高桥心中也排在最末位（**图表 7-2c**）。不过，C 和 D 产生的对比效果不同。换用菜单 2 后，佐藤和高桥的投票内容发生了变化。

- 在佐藤的满意度中，B 是 5 分，D 是 4 分，两个选项感觉较接近；A 是 7 分，和其他选项感觉较疏远。在这种对比下，佐藤决定只认可 A。

- 在高桥的满意度中，A 是 5 分，B 是 7 分，两个选项感觉较接近；D 是 1 分，和其他选项感觉较疏远。在这种对比下，高桥决定认可排名靠前的 A 和 B。

于是，在菜单 2 的情况下，获得佐藤和高桥各一票的 A 获胜（图表 7-2d）。

菜单 1 和 2 的区别仅仅是菜单中的选项 C 换成了 D，它们看似是所有选项里最无关紧要的两个。然而，就是这点细微的差异影响了佐藤和高桥"认可哪个选项"的绝对评价，使认可投票的结果从 B 变成了 A。由此可见，**菜单中的非本质性差异具有改变结果的可能性。因为人的评价标准未必坚定到能够做出真正的绝对评价。**

恐怕只有在全体选民都拥有坚定的评价标准的情况下才适合采用认可投票。在实际中，专业探讨决策方法的国际学会——社会选择和福利学会 (Society for Social Choice and Welfare) 便采用认可投票的方式选举理事。学会会员们被认为具备专家级的评价标准。

最新方法"多数判决制"

本章最后介绍一种在认可投票的基础上进行改良而得出的最

新决策方法。相比认可投票只有 "认可与否" 这两大分类，新方法增加了类别个数，比如 "良好、普通、恶劣" 或者 "最佳、良好、普通、恶劣、最差"。选民用类别对每个选项做出评价，比如 "选项 A 最差，选项 B 良好"。

如何将人们的这些想法总括起来？决策方法研究员巴林斯基 (M.Balinski) 和拉洛奇 (R.Laraki) 提出了一个方法：在每个选项得到的所有评价中，取选民评价的 "正中间" 作为集体的评价。这种方法叫作多数判决制 (majority judgment)。

假设现在 9 名选民对选项 A 的评价分别是：3 个人认为 "最佳"，2 个人认为 "良好"，2 个人认为 "普通"，2 个人认为 "最差"。9 的正中间是 5（**图表 7-3**）。

这种情况下，多数判决制给予 A 的评价是位于正中间的 "良好"。要说 "良好" 为什么是评价的正中间，在 9 个评价中，从前往后数的第 5 个是 "良好"（因为是正中间，所以从后往前数也是第 5 个。偶数时根据情况定夺）。

再来思考和 A 对决的选项 B。现在选民对 B 的评价是：4 个人认为 "最佳"，1 个人认为 "差"，4 个人认为 "最差"。这 9 个人的评价的正中间是 "差"，因此对 B 的最终评价是 "差"。于是，集体对 A 和 B 进行比较的结论是 "良好" 的 A 优于 "差" 的 B。

选择正中间是为了防止选民采取策略，用极端的投票扰乱结果。比如，假设 3 个人认为 "最佳"，2 个人认为 "良好"，2 个

图表 7-3

▶ "多数判决制"将"正中间"作为集体的评价

9 名选民对选项 A 的评价

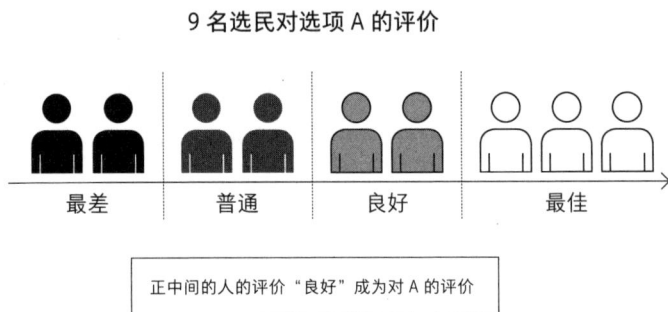

| 最差 | 普通 | 良好 | 最佳 |

正中间的人的评价"良好"成为对 A 的评价

9 名选民对选项 B 的评价

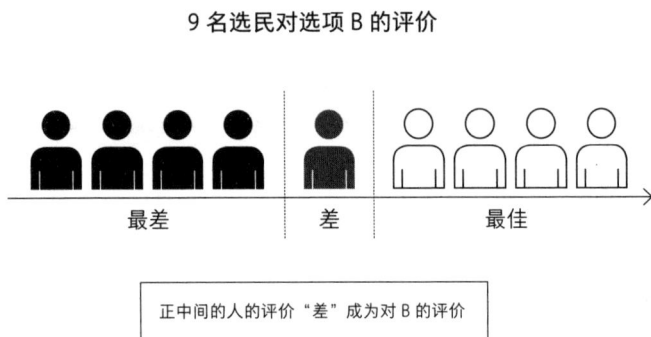

| 最差 | 差 | 最佳 |

正中间的人的评价"差"成为对 B 的评价

人认为"差"，2 个人认为"最差"（**图表 7-4**）。此时，位于正中间的评价"良好"成为集体的评价。即使这时给出"差"的两个人为拉低"良好"评价而将自己的意见改为"最差"，位于正中间的依然是"良好"，不受影响。

多数判决制既然是认可投票的改良版，就难免像认可投票一样受到对比效应的影响。不仅如此，评价的用词也会改变选民的判断。比如"良好，普通，差"和"excellent（极好），very good（非常好），good（好）"，虽然都分为 3 大类，但词汇不同，选民赋予的评价就会发生变化。用哪种词汇以及人们的语感是否相同都会影响最终结果。

学会的专家们对认可投票和多数判决制的评价并不一致。至于博尔达计数法和多数判决制哪个更好，则很难一概而论。前者是相对评价的充分应用，后者是绝对评价的充分应用。倒是可以说若注重相对评价就采用博尔达计数法，若想尝试绝对评价就采用多数判决制。

虽说如此，选民在两种方法中所做的事却惊人地相似。在博尔达计数法中，选民给各个选项做出详细排序，如"第 1 位""第 3 位"；而在多数判决制中，选民给各个选项做出详细评价，如"最佳""一般"。二者的共同点在于一张选票上包含的信息量都很大。这是通过增加信息的输入量来如实地体现人们想法的一种手段。对于一张选票上只能填写一个名字，即只能输入最少信息的多数决来说，这两种方法都位于另一个极端。

图表 7-4

▶ "多数判决制" 不受部分极端意见的影响

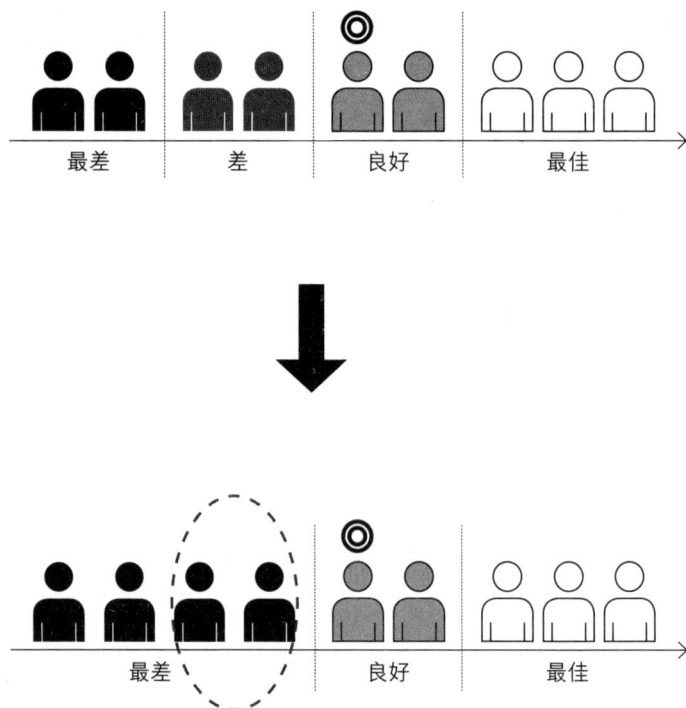

最差　　　差　　　良好　　　最佳

最差　　　良好　　　最佳

即使两个人把意见从"差"改为"最差"，
整体评价也不会产生变化

　　在第 2 部分中，我们关注选项多余三个的投票，探讨了哪种决策方法最适合这种情况。最终发现博尔达计数法从各个角度来看都非常优秀，并且认识了一种耐人寻味的决策方法——多数判决制。二者的共同点在于选票上的信息量很大。那么，当选项只有两个时，我们是否就应该不假思索地使用简单多数决呢？当然不能。我们必须思考为什么要用多数决以及怎样才能用好多数决。第 3 部分便将把重点放在二选一的多数决上。

第

3

部
分

多数决在二选一投
票中的正确用法

第 8 章

多数决做出正确判断的概率——陪审团定理

试想在法庭上多名陪审员用有罪无罪的多数决给被告人下达判决，或者在国会里多名国会议员用赞成反对的多数决决定法案是否通过。法庭决定被告人的命运，国会决定国家的法律。为什么可以用多数决决定那么重要的事项？为什么不用抽签，不靠主席的独断，而要用多数决？这种方法有何优势？孔多塞的陪审团定理给这些疑问提供了答案。

多数决的陪审团能否做出正确评判？

《一月十六日夜》是一部与众不同的剧本。它的作者安·兰德 (Ayn Rand) 于 1926 年从苏联移居美国，后来成为美国的国民作家。她的这部成名作于 1935 年在百老汇上演并广受好评。

　　这是一场审理一月十六日夜晚发生的杀人事件的法庭戏。被害人比约恩·福克纳是一名金融大亨，犯罪嫌疑人是他的秘书凯伦·安德列。然而，剧中没有出现任何作案画面，场景全部设在法庭。观众不知道安德列是不是凶手。

　　舞台上，检查方和辩护方展开了激烈的攻防战，但没有决定性的证据证明嫌疑人是否有罪。戏剧就这样进入最终的高潮，从观众中选出的 12 人被赋予陪审员的职责。这些陪审员走上舞台，在下达判决的一幕中表明各自的判断——认为嫌疑人是否有罪。这一多数决定了判决结果[①]。判为有罪就按照有罪的剧本、判为无罪就按照无罪的剧本演完剩下的部分。

　　台下的观众知道裁决的结果，但他们直到最后也不知道安德列是不是杀害福克纳的真凶。陪审员们的裁决究竟是不是正确的呢？

　　在现实的法庭上，人们无法完全掌握已经发生的事件或过去的事实，只能依靠证据或证词等过去的碎片推测事实真相。那么，陪审员的多数决能否得出正确的判断？正确判断的可能性有多少？其实简单的统计模型就可以解答这些问题。

　　下面我们来思考一个被告人在法庭上被问罪的情形。谁也不

_____

① 英美等国采用陪审团制度时，陪审员的裁决通常要达成全体一致才会成立。不过，安·兰德在戏剧《一月十六日夜》中设定的是多数决而非达成全体一致。参见"Tempering with the Law", The Brooklyn Daily Eagle (Brooklyn, New York), 15th Dec.1935, Page 67。

知道他实际上是否犯下罪行。就算有人声称自己目击了犯罪现场，这也可能是看错或者说谎，甚至是臆想。

人们常说真相只有天知地知，可在人世间的法庭上，判决有罪或无罪的并不是天地神明，而是人。此时的人是陪审员，他们的多数决决定了嫌疑人是否有罪。这种决策方法做出正确判断的概率有多少呢？

这里的正确判断指的是"被告人有罪时判其有罪，无罪时判其无罪"，既不让罪犯逍遥法外，也不让清白之人含冤受屈。

陪审员人数越多，越容易做出正确判断

陪审员的人数影响正确判断的概率。

先来思考只有一名陪审员的情况。此时要让陪审做出正确的裁决，那唯一一名陪审员的判断就必须是正确的。按比例来说就是"1 个人当中的 1 个人"，所以是 100%。无论是谁都绝不能出错。

那么，如果有三名陪审员呢？那就不需要三个人全部做出正确判断。只要有两个人的判断是正确的，多数决就能得出正确的结果。换句话说，只要出错的陪审员不超过 1 个人，即总人数的约 33%，多数决的结果就是正确的。

这一趋势会随陪审员人数的增多而愈发显著。

如果有五名陪审员，只要其中三个人的判断正确，多数决的结果就是正确的。反之，即使占总人数 40% 的 2 名陪审员出错也

没关系。

当陪审员达到 11 人时，只要其中六个人的判断正确，多数决的结果就是正确的。反之，即使占总人数约 45% 的 5 名陪审员出错也没关系。

进一步将陪审团扩充至 101 人，那么只要约半数的 51 人判断正确，多数决的结果就是正确的。容许出错的人数达到 50 人。此时，即便有将近一半的陪审员出错，多数决的结果还是正确的。

如此看来，**陪审员的人数越多，多数决就越容易得出正确的结果**。因为只要过半数的陪审员做出正确判断，多数决的结果便是正确的，就算他们只占总人数的 51% 甚至 50.1%。极端地说，伴随陪审员人数的无限增长，多数决得出正确结果的概率将会逐渐提升，最终无限接近 100%。多数决的这一特性被概括为陪审团定理。

计算多数决得出正确结果的概率

上文没有明确提及陪审团定理成立的前提条件。不过，如果不满足前提条件，陪审团定理就不会成立。是否满足条件成为多数决成功与否的关键。

首先，我们将一名陪审员做出正确判断的概率设为 p，并假设 $0.5 < p < 1$。我们先来解释这个公式。

$p < 1$ 指人不可能对是否有罪做出 100% 正确的判断。也就

是人算不如天算。要是人算能赶上天算固然也好，但那时估计人类就不需要多数决了。

$p > 0.5$ 指人只要经过深思熟虑，还是能做出比"正反面概率各一半的硬币"更准确的判断的。即深思熟虑比瞎蒙胡猜得出的判断更准确。它体现了相信人类至少比硬币聪明的人类观。

其次我们假定每个人的概率 p 相同。不少研究也在探讨概率因人而异时的情况，但它在实质上和 p 相同的情况没有差别。

陪审团做出正确评判的概率，即多数决得出正确结果的概率究竟有多少？如果这一概率高于 p，则说明多数决比一个人更容易做出正确的判断。

下面我们用只有三名陪审员的最简单的情况思考该问题的答案。给陪审员起个名字，说明起来更方便，所以暂且称他们为"佐藤、高桥、中村"。

当过半数的陪审员做出正确判断时，多数决便会得出正确结果。只要过半数，哪个成员都可以。总之只要至少两个人正确，多数决的结果就正确。有四种情况符合这一要求（**图表 8-1**）。

[**情况 1**]全体正确

[**情况 2**]只有佐藤和高桥正确

[**情况 3**]只有高桥和中村正确

[**情况 4**]只有佐藤和中村正确

图表 8-1
▶ "陪审团定理"的所有情况

排序

情况	正确的人	错误的人	多数决的结果	发生概率
1	佐藤、高桥、中村	–	正	p^3
2	佐藤、高桥	中村	正	$p^2(1-p)$
3	佐藤、中村	高桥	正	$p^2(1-p)$
4	高桥、中村	佐藤	正	$p^2(1-p)$
5	佐藤	高桥、中村	误	$p(1-p)^2$
6	高桥	佐藤、中村	误	$p(1-p)^2$
7	中村	佐藤、高桥	误	$p(1-p)^2$
8	–	佐藤、高桥、中村	误	$(1-p)^3$

情况 1-4 是多数决得出正确结果的情况。因此，多数决得出正确结果的概率是这 4 种情况
发生概率之和 $P= p^3+ 3p^2(1-p)$。
只要 $p > 0.5$，$P > p$ 一定成立。即多数决得出正确结果的概率大于一个人做出正确判断的
概率。
反之，只要 $p < 0.5$，$P < p$ 一定成立（多数决得出正确结果的概率小于一个人做出正确判
断的概率）。

这几种情况的出现概率分别是多少？

先来计算情况 1 出现的概率，也就是"全体正确的概率"。一个人判断正确的概率是 p，共有 3 名陪审员，因此"全体正确的概率"是 $p \times p \times p$，即 p^3。

其次来看情况 2，即"只有佐藤和高桥正确的概率"。只要按部就班地思考，这个计算并不复杂。

佐藤判断正确的概率是 p，高桥判断正确的概率也是 p。因此，"佐藤和高桥正确的概率"是 $p \times p$，即 p^2；而中村判断错误的概率是 $(1-p)$。

因此，"只有佐藤和高桥正确的概率"是二者的乘积 $p^2(1-p)$。

其实上面的计算有一个假定前提——"判断的独立性"。将"佐藤和高桥正确的概率"算作 p^2 便是基于这一前提。倘若二人的判断之间存在相关倾向，如"佐藤做出有罪判断后，高桥也仿效佐藤做出有罪判断"，那么"佐藤和高桥正确的概率"就无法简单用 p^2 的公式体现。**判断的独立性条件**指的便是不存在这种关联。

用相同思路计算情况 3"只有高桥和中村正确的概率"和情况 4"只有佐藤和中村正确的概率"，会得出它们都是 $p^2(1-p)$。多数决得出正确结果意味着出现以上四种情况中的任意一种。因此，多数决得出正确结果的概率 P 等于四种情况的发生概率之和：

$$P = p^3 + 3p^2(1-p)$$

对这一方程进行因式分解，会得出当 $p > 0.5$ 时，$P > p$。

只要 $p > 0.5$，多数决得出正确结果的概率 P 就一定大于 p。

例如，$p=0.6$，则 $P=0.648$。也就是说，一个人做出正确判断的概率是 60%，但三个人的多数决就增至 64.8%，提高了 4.8%。

由于这个例子中只有三名陪审员，概率没有明显增长。只要增加陪审员的人数，P 就会增长。比如当 $p=0.6$ 时，将陪审员的人数增至 101 人，则 P 增至大约 0.99。由此可见，多数决的判断正确率能够达到将近 99%。

附和他人则做不出正确判断

满足判断的独立性条件是关乎陪审团定理能否成立的重要前提。举个不满足该条件的简单例子，陪审员中有一个首领，所有人都听从他的判断。这在实质上相当于只有一名陪审员。

就算首领不能影响到全体陪审员，只要过半数的陪审员听从他的判断，实质上还是等于一名陪审员决定了一切。

还有，当陪审团内部出现类似极权主义的氛围时，自然也不满足判断的独立性条件；某些陪审员觉得他人可能给有罪投票，便跟风附和，自己也投有罪。这种行为也不满足该条件。

但凡每个陪审员不独立认真思考，就不满足判断的独立性条件。附和首领、跟风、投给有望胜出的对象，这些行为都违反了判断的独立性条件。这种情况发生时，陪审团定理将判定采用多数决不妥。

判断的独立性条件并不否定投票前的讨论和意见沟通。收集信息、听取多方意见有助于提高 p 值。每个人在此基础上经过深思熟虑后做出独立投票是判断的独立性条件的要求。人裁决人的责任要求人具备这样的素质。

法庭剧《一月十六日夜》的作者安·兰德日后凭借畅销小说《源泉》《阿特拉斯耸耸肩》一跃成为美国国民级畅销作家。在 1991 年美国国会图书馆评选出的"人生影响力最大的书"中，《阿特拉斯耸耸肩》排名第二，仅次于圣经。它在美国的保守派运动中的地位相当于圣经。

兰德将个人的自由与权利视为至高无上。她认为要使其不受侵害，小国家和自由放任市场尤为重要。这样的兰德塑造的人的理想形态是忠实于自己的理性、摆脱偏见和信仰束缚的自律的个体。这样的人满足判断的独立性条件，和陪审团定理所要求的陪审员形象非常贴合。兰德在给《一月十六日夜》的制作人的注意事项中这样写道：

> 在这个法庭上，接受审问的是谁？是被告人凯伦·安德列？绝对不是。女士们先生们，接受审问的其实是进行陪审的你们。当你说出自己的判断时，你的灵魂将在阳光下经受考验。
>
> （安·兰德，"致制作人的便条"，《一月十六日夜》）

第 9 章

多数决与暴力的区别

当陪审团定理的各项条件均成立时，多数决做出正确判断的概率更高。不过，这些条件未必总是成立。本章将逐一思考这些条件，探索多数决的正确用法，目的是让多数决为我们服务，而不是我们反为多数决所利用。倘若一帮入侵者突然闯入家中，用多数决决定"从现在起这间房归我们所有"，谁都会认为这是极端暴力的做法。那么，不带暴力的多数决又是什么样的呢？

当多数决的价值高于暴力

安部公房的短篇小说《闯入者》讲述了一个陌生的九口之家深夜闯入男子单身公寓的故事[1]。这家人声称那间房是他们的。在

---

[1] 安部公房，"闯入者"，《水中城市》，新潮社，1973。

男子不知所措时，闯入者的首领——一个戴着蝴蝶结的绅士宣称要开会，提出"这间房是否归我们所有"的议题。有人在一旁说："当然是我们的房间"，其他闯入者也附和道"没错！"。虽然房间主人批判这种做法毫无意义，却被蝴蝶结绅士的一句话顶了回去：你认为作为民主主义原理的多数决是毫无意义的吗？

这场多数决充满暴力。这家人不但非法闯入他人家中，还歪解多数决，企图达到自己的目的。这帮人不正常，可一旦不正常的人成了多数，就很难反抗。实际上在这篇小说中，多数决后，遭到入侵的男子要求闯入者尽快离开，却被他们按住暴打，昏了过去。

执行多数决的结果时总会伴随着暴力，只不过不像这些闯入者那样显而易见。触犯法律就会被警察逮捕或关进监狱，其之所以成立，是因为警官和监狱官员所持有的暴力强于反抗者（武术、武器和兵器在质与量上均占优势）。除了这种显而易见的暴力，不服从多数决结果的人，在公司会被开除，在地方会被孤立——这也足以称得上暴力。《闯入者》中的多数决之所以带有一目了然的暴力性，仅仅因为它没有半点掩藏而已。

多数决的根本问题之一是"多数决中的少数派为什么必须服从多数派的意见"。不愿受罚而不得不服从不等同于自愿服从，那只是对暴力惩罚的无奈屈服。那么，**多数决在什么情况下才具有比暴力更高的价值？**

陪审团定理给出了一个答案：在一系列前提条件成立时，多数派的意见对全体来说正确率更高。

全体陪审员有一个共同目标：将犯下罪行的被告人判为有罪，没有犯罪的判为无罪。由于多数派的意见正确率更高，对于多数决中的少数派陪审员来说，把多数派的意见作为结论能实现他们的目标。这种情况不属于单纯的少数服从多数。一旦证实自己的意见出错率更高，坚持己见便有悖于他们的目标。

投票者们只有在拥有共同目标时，才能一起探讨哪个选项是正确的。只要满足了这一特征，对于陪审以外的多数决，陪审团定理也同样适用。

例如，在立法或与政治有关的多数决中，如果投票者能够一致思考表决对象（即有关公共利益的事项）"对我们是否有必要"，陪审团定理就是适用的；利害对立突出、每个人都从不同角度讨论"对我自己是否有必要"的多数决则不适用陪审团定理。

多数决的三个使用条件

下面总结在何种条件下多数决才是正当的。

（1）全体选民对多数决的表决对象拥有共同目标。

（2）选民的判断正确率 p 大于 0.5。

（3）选民各自做独立判断，不听从首领、跟风附和或把票投给有望胜出的对象。

当这些条件全部满足时，陪审团定理成立。多数派的判断正确率将高于 1 个人或少数派的判断正确率，并随选民人数的增加而提高。此时，将多数派的判断选为集体的结论对所有人而言都是明智的选择。然而，一旦任何一项条件不成立，陪审团定理就无法使多数决正当化。接下来在前文说明的基础上，分别详细探讨（1）到（3）的情况。

（1）全体选民对多数决的表决对象没有共同目标

这类情况可以举出很多，下面是几个例子：

《闯入者》中遭到入侵的男子和入侵者们，他们的利害关系完全对立。若采用多数决，多数派的入侵者将以绝对优势获胜。然而，他们这样做侵犯了男子的居住权。

用多数决定夺"大家一起欺负某个人的方案"。虽然欺负人的一方有这个打算，但被欺负的一方不愿意受欺负。

公寓自治会决定如何分担 5 层公寓的电梯维修费用时，用多数决制定了"由 1 层居民缴纳全款"的方案（这个问题将在第 12 章中探讨）。

（2）选民的判断正确率 p 小于 0.5

当一个人的判断能力低于硬币，即 $p < 0.5$ 时，该如何处理？

这种情况下，陪审团定理的结论和 $p > 0.5$ 时正好相反，多数决做出正确判断的概率 P 一定低于一个人做出正确判断的概率

p。举个例子，如果 $p=0.4$，那么 $P=0.352$。而随着陪审员人数的逐渐增加，多数决得出错误结果的概率会无限接近 100%。不过，倘若人们意识到自己的 $p < 0.5$，则可以灵活运用这一结果。把多数决改为少数决即可。例如，有罪以 2 票对 1 票成为了多数，则判被告人无罪。

也就是说，即使 $p < 0.5$ 的人本身不聪明，但只要有自知之明，还是可以做出明智的选择。不过，具备这种自觉性，自知"不如硬币聪明，应该多数服从少数"的人大抵都不笨。

（3）选民不是独立地做出判断

这类例子也能举出很多：

组织内部有一个"首领"，所有人都听从他的判断。

国会席位过半数的政党内部存在制约，党高层执行部的决定直接成为国会通过的决定。

在 5 个人参加的会议上，有 3 个人受到首领决定的制约，此时，会议在实质上就成了首领的独裁会议。

此外，当很多人随波逐流、不能独立思考时，或是企图投票给有望胜出的对象时，他们也不是在独立地做出判断。

公寓自治会为什么不能"委托主席投票"？

笔者偶尔会收到读者抱怨多数决的来信。其中大多针对的是公寓自治会上的多数决，对主席委托制的不满尤为突出。

所谓主席委托制，即不出席会议的人将自己的一票委托主席代理投出。即便可以委托给主席以外的人，但一些人认为托人办事会有心理负担，或者比较麻烦。这种时候，他们就会委托主席代为投票。若有很多人无法出席或不愿出席自治会会议，委托给主席的票数便非常可观。

这样就会形成实质上的主席独裁。即使会上讨论得相持不下，谁也不让步，最终主席的个人意见也能决定多数决的结果。这种情况类似于（3）中的"首领"。那么，我们该拿什么替代主席委托制？下面我列出了两种方案。

- 如果缺席人事先知晓会议讨论的事项，可事先表明对各项议案的看法，赞同、反对，或是弃权。
- 缺席人只表明同意将自己算入开会的法定人数，不表明是否赞同各项议案。

委托他人投票的制度至少在情理上是不应存在的。例如在政治家的选举中，投票者就不能委托他人代投。在国会上，即使是同一政党的战友，也不能委托投票。在 2010 年 3 月的参议院全体会议上，自民党的若林正俊议员见旁边人缺席，便替他按下了投票按钮。事后若林因此事辞去了议员职位。

多数决适合决定“无关紧要的事”

　　前面，我们从陪审团定理的角度思考了多数决的正确用法，发现正确使用多数决未必是件容易事。不过，如果表决对象是不要求正确、结果如何都无关紧要的事项，那就另当别论了。

　　之所以这么说，是因为**多数决非常适合决定无关紧要的事**。比如几个朋友准备一起吃午饭，要决定去哪里吃。多数情况下，这时重要的是大家在同一时间一起去吃饭，而不是去哪家吃。因此，随便用举手的形式搞一次多数决，“希望吃意餐的人多，那就去吃意餐吧”，这样既快捷又简便。

　　此时多数决之所以称得上“快捷简便”，是因为它的对象是无关紧要的事项，而且日后再有相同的机会时，还可以照顾到其他人的想法，比如“上次吃了意餐，这次就吃中餐吧”。如果在去哪里吃午饭这种无关紧要的问题上，每次还都按照多数派的意见选择意餐的话，少数派的不满就会越积越多，最终引发内部分裂或分头行动。

　　如果该问题长期存在，一种多数决的新形态就会渐渐显露出来。获得51%票数的集体便获得了该时间段内100%的支配权。例如，如果某政党在100年间一直稳拿国会议席的51%，该政党就能够执政100年，而非在100年间只能执政51年。

　　在多数决中，过半数分界线将事物鲜明地分为明暗两半。用决定去哪里吃的例子来说，只要喜欢意餐的人超过半数，去吃意餐的意见就一定会通过。不过，长期执行这一结果会**增强集体内部分裂的风险**。

降低这种风险的方法大致有两种。

一是**缩小明暗之差**。例如，想吃意餐的多数派在结账时多出些钱。

二是**在划分明暗时加入运气的要素**。例如，由赢得猜拳的人决定去哪里吃。这样一来，想吃日餐或中餐的少数派在较长的时间段内也能获得与人数比率相应的决策机会。这一现象源于大数定律，类似于多次掷骰子各面出现的概率接近六分之一。

使人表明真实想法的"随机独裁制"

谁赢了猜拳就听谁的，我们将这种决策方法称为"**随机独裁制**"。它具有让人意想不到的优点。

在多数决下，选民可能采取战略性投票。比如，"虽然真正支持的是纳德，但他肯定会输，干脆投给第二支持的戈尔吧"，也就是违背本意的投票。即便采用博尔达计数法，布什的支持者也可能会想"虽然我的排序是'布什、戈尔、纳德'，但为了拉低戈尔的得分，就按'布什、纳德、戈尔'的顺序投票吧"。这种故意将竞争对手排在最末位的做法也属于违背本意的投票行为。无论是多数决、博尔达计数法还是二轮决选，所有选民未必都会表明自己的真实想法。

　　我们将任何人都会表达自己真实想法的决策方法称为**满足防策略性**。但是，**齐柏－托维定理** (Gibbard-Satterthwaite theorem) 已证实，除个别例外，常人所能想到的任何决策方法都不满足防策略性。而个别例外就是将选项排成一排并能够定义"正中间"的情况（具体将在第 12 章的"妥协点的决策方法"中介绍）。

　　然而，如果采用**独裁制**，所有人都听从独裁者的选择，那么独裁者按照本意做决定是最有利的做法，因此自然满足防策略性。而随机独裁制的目的在于让选出独裁者的过程更加公平。如果有 6 名选民，每人便有六分之一的概率成为独裁者。这并不意味着我认同独裁者或独裁政治。此处的大前提是表决的对象无关紧要。既然决定的是无关紧要的事，谁做独裁者应该都不会产生严重危害。

　　并且，在一定的条件下，**使用概率且满足防策略性的决策方法只有随机独裁制一种**。"随机独裁制"听起来或许有些刺耳，但它指的不过是"赢得猜拳的人有决定权""中奖的人有决定权"之类的方法。针对那些对防策略性要求很高且可以全面加入随机性的决策，我们可以尝试使用这种决策方法。

第 10 章

国会的多数决用法正确吗？

正确使用多数决并非易事。为防止滥用，要事先限定多数决的可使用对象。法律虽然由国会通过多数决制定，但公民权利是法律不可侵犯的，这些权利由宪法来保护。这便是宪政主义的方针。2015 年，日本国会通过了被指责有强烈违宪嫌疑的安保法案。对此，我们应如何看待国会上的多数决？此外，"有强烈违宪嫌疑"是包含概率性的表述，那么我们能否得出违宪的概率？下面我们用尝试贝叶斯统计的主观概率的导出来计算。

使多数决正当化的两个条件

陪审团定理成立必须满足多项条件。只要有一项不满足，陪审团定理就无法成为多数决正当化的依据。那么，我们能否从陪审团定理以外的其他角度使多数决正当化？结论是相当困难。

让我们来讨论一下正当化的两个强有力的理由：（1）"功利主义"和（2）"公平规则"。

（1）实现"最大多数人的最大幸福"能否成为多数决正当化的理由？

有一种观点从功利主义的角度论证多数决的正当性，认为多数决既然采用的是多数人的意见，从整体上自然能够实现"最大多数人的最大幸福"。这种看法认为多数决能够使人们的幸福程度即效用总和最大化。从结论上讲，这个观点是错误的。因为在某些情况下，多数人的效用虽然会有一定上升，但少数人的效用会急剧下降。

我们来思考三个邻居良太、浩介和光雄的事例。这三个人住的独门小院相邻，其中良太和浩介打算私自拆除光雄的家，把那片地改建成私人用路，方便自己的生活。这个主意对光雄来说有百害而无一利。听起来是一桩很没道理的事，但在这三个人中，驱逐光雄的方案会以2比1得到支持。然而，就算良太和浩介把原光雄家用地改建成私人用路，生活因此有了些许改善，但他们并不会因此获得巨大的利益。

下面我们暂且抛开良太和浩介的利己想法与光雄的人权问题，只思考如何达到"效用总和的最大化"（**图表 10-1**）。

在初期状态下，光雄拥有自己的家。此时设良太和浩介的效

图表 10-1
▶即使优待多数派，也无法实现全体效用总和的最大化

（1）初期状态

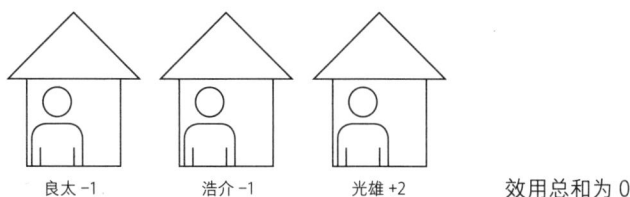

良太 -1　　　　浩介 -1　　　　光雄 +2　　　　效用总和为 0

（2）把光雄家改建成私人用路后

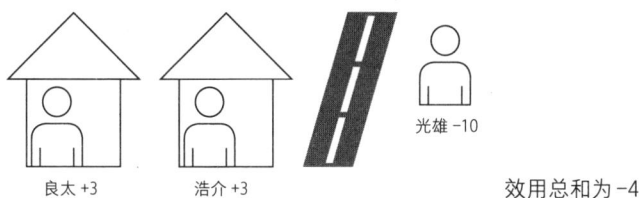

光雄 -10

良太 +3　　　　浩介 +3　　　　　　　　效用总和为 -4

给投票设置权重便能实现效用最大化

个人	（1）的效用	（2）的效用	（1）和（2）的差（1 票的权重）
良太	-1	+3	4
浩介	-1	+3	4
光雄	+2	-10	12

用这一权重进行多数决
驱逐光雄的方案便会以 8 比 12 遭到否决

用均为 −1，光雄的效用为 +2。三人的效用总和为 0。

假如后来光雄家被拆除，良太和浩介的效用将分别升至 +3，而光雄的效用将降至 −10。三人的总和为 −4。由此可见，如果尊重多数决的结果，拆除了光雄的家，效用总和将下降（从 0 降至 −4）。也就是说，在这个案例中，多数决和效用总和的最大化不相容。

实现效用总和最大化的理想做法是给多数决的投票设置权重。至于如何设置权重，就用是和否之间的"效用之差"来计算。具体来说，良太的"3"和"−1"之间的差是 4，浩介的"3"和"−1"之间的差也是 4，而光雄的"−10"和"2"之间的差是 12。在此权重的基础上针对"驱逐光雄"进行多数决，良太和浩介的共计 8 票将记入是，而光雄的 12 票将记入否。因此，否决意见获得胜利。

这不是一个个例。只要将是和否的效用之差设为每个人的投票权重，多数决的结果便总会实现效用总和的最大化。然而，这种方法无疑与一人一票的原则相悖。而且，效用的值到底是什么？又应该如何测量效用？这些功利主义的普遍问题依然存在。再者，单纯以效用总和的最大化为目标而不考虑光雄人权的做法可能也会招致非难。

需要补充说明的是，这里所说的功利主义是针对各个事例计算效用总和的"行为功利主义"。如果采用以效用总和来评价长期制度而非单个事例的"规则功利主义"，则具备关怀人权的制度的社会，其效用总和会更高，于是，驱逐光雄的方案被否决。

即便如此，多数派的优待和效用总和的最大化总是相互排斥。比如，我们将上文案例中的"个人效用"（例如光雄的效用）替换成"特定立场的人们的效用（例如性少数群体的效用）。于是，"只承认异性婚姻"将使众多异性恋的效用有些许增加，但与此同时性少数群体的效用显著下滑。此时，只承认异性婚姻对多数派来说虽然是优待，却实现不了效用总和的最大化。

（2）多数决是"公平的规则"吗？

有种看法将多数决视为"公平的规则"。这种看法认为：今天我赢了，所以你听我的；明天说不定轮到你赢，到时候我听你的。这里的公平是指在同等条件下决胜负，即把多数决视为一种公正的竞争规则。

然而，即便道理是"明天说不定轮到你赢"，如果事实是"就算到了明天你也肯定会输"，那么不管过多久，胜者都不会更替。少数民族和性少数群体恐怕永远都是少数派，无法在同等条件下决胜负。这样做实为多数派的专制。

再说，如果在明天来临前，少数派就受到了多数派的歧视，那不当行为在今天不就已经出现了吗？假设多数决以多数赞成通过的是"屠杀特定少数民族"的提议，那少数派根本就看不到"明天"的太阳。

因此，认为多数决是"公平的规则"所以可以用来决定任何事项的说法是不成立的。

- 在现实中"明天"很有可能出现胜败逆转；
- 今天之内也尽量避免少数派蒙受极端损失。

若能做到以上两点，即使多数决称不上公平，至少也可以用来"先给出今天的结论"。

在这样使用多数决前，事先限定多数决的决定对象是一种明智的做法。这好比给多数决砌了一道防波堤，不论得出什么结论，都能避免产生极端的结果。

通过宪法限制多数决

宪法便是防波堤的一种。在日本，只有国家唯一的立法机关——国会能够制定法律（日本宪法第 41 条）。具体来讲，众议院和参议院用多数决的形式审议法案。日本共有 1.2 亿国民，而包括众参两院在内的国会议员的固定人数只有 712 人（2016 年 3 月末），平均约 17 万人中才有 1 名国会议员。

国会议员虽然通过选举产生，但立法权集中在极少数人手中本就是件非常危险的事。他们或许会团结起来制定只为自己的团体带来利益的法律。要达到此目的，不需要全体国会议员都团结起来，只要过半数便足够。执政党有能力做到，他们甚至可以通过法律给在野党以沉重打击。例如，在 20 世纪 20 年代的意大利，墨索里尼率领法西斯党制定了解散其他党派的法律，开始了独裁统治。此后，他通过立法统治工会，压制言论，使意大利卷入了第二次世界大战。

再举一个有名的事例。在法兰西第二共和国时期的 1850 年，由秩序党主导的议会通过新选举法废除了当时的（男性）普选权，使限制性选举复活。当时，被逐出德国来到法国的卡尔·马克思在著作《1848 年至 1850 年的法兰西阶级斗争》中指出："废止普选权——这就是秩序党的最后一言，资产阶级专政的最后一言。"

以下两种做法可以应对立法机关的失控。

- 用法律保护个人不可侵犯的领域。根据人权保障对法律内容加以限制就是这种情况。
- 将权力赋予立法机关以外的组织，促使其相互牵制。行政机关、司法机关和立法机关的三权分立就是这个方法。

重视人权保护和三权分立是**宪政主义**[①]的思想。上文已经提到，妥善使用多数决是件难事。宪政主义对立法机关的限制也可视为一种促进多数决妥善使用的智慧。

日本国宪法中也有相应的条款。首先，宪法为国家的最高法，违反宪法条款的法律等行为一律无效（日本宪法第九十八条）。

---

① 宪政主义没有统一的概念，但由于法国《人权宣言》尤其重视人权保护和三权分立，如今提起宪政主义，通常都以这两点为核心。

关于人权保护，比如，除因犯罪受处罚外，对任何人都不得违反本人意志而使其服苦役（日本宪法第十八条）。这一条被解读为禁止征兵制，因此国会不能制定"征兵法"。

关于三权分立，比如，最高法院是有权决定一切法律是否符合宪法的终审法院（日本宪法第八十一条）。日本刑法中曾有一项"杀害尊亲属罪"，规定杀害尊亲属要受到特别重罚。而在1973年，最高法院认定此项罪名违反了法律面前人人平等（日本宪法第十四条）的规定，判其违宪。

不过，即使最高法院判决某项法律违宪，该法律也不会当即失效。国会是国家唯一的立法机关（日本宪法第四十一条），而"立法"还包括废除法律的含义。实际上直到1995年更改刑法的假名使用时，国家才顺带废除了杀害尊亲属罪。

从判为违宪到废除的22年间，国会一直搁置了杀害尊亲属罪的规定。在那段时期，该项规定一直存在，但未被使用。

违宪判决下达后，法务省立即发出了不再使用杀害尊亲属规定的通告。据此，检察院将属于杀害尊亲属范畴的事件也按照普通杀人事件处理。国会是立法机关，法务省是行政机关，最高法院是司法机关。对于司法机关下达的违宪判决，立法机关不予以尊重，行政机关却进行了实践。这不失为一种危险的做法，但从日本统治机构整体来看，三权分立还算有效地发挥着作用。

不仅是宪法和违宪判决，任何法律和判决都不过是一纸文书。它们的应用到头来还是取决于人。

修订宪法没有看起来那么难

宪法的修订必须得到参众两院全体议员三分之二以上的赞成，并在此后的国民投票中获得半数以上的支持（日本宪法第九十六条）。在昔日的中选举区制下，修订宪法的难度极大。然而，伴随 1994 年政治改革法案的出台，众议院选举引入了小选举区制。在近年的参议院选举中，"一人选区"也有所增加。在小选举区制下，获胜政党容易得到与得票率成正比的高议席率，取得压倒性胜利。尤其在众议院选举中，2005 年以后，执政党一方只要达到 4 成得票率就能夺下 7 成议席。

宪法的作用本是自上而下约束法律，而且规定修宪条件的第九十六条应约束其他的宪法条款。但是，达到"三分之二"的难度究竟有多大，和选举制度有着很大的关系。公职选举法将在实质上"修订"第九十六条。也就是说，现行的第九十六条并没有看起来那么坚不可摧，只要半数以上的选民都希望修订宪法，它便会成为可能。

党内约束导致少数派掌控国会

国会制定法律时采用的多数决能否通过陪审团定理加以正当化？如果存在党内约束，正当化便无法实现。因为这违反了判断的独立性条件。

在自民党的全体议员中，属于党高层的议员只占少数，但高层能够通过自民党内的约束掌控国会的决议。党内约束难以违背，违背约束的党员可能会受到党内处分；即使没有正式处分，下次选举时也很可能得不到党的公认。

在旧时的中选举区制下，每个选区约有 4 名候选人当选。改为小选举区制后，每个选区只能有一人当选。在中选举区制下，即使无法获得党内公认，只要有一定的支持率，候选人也能以较低的票数当选。但是小选举区制只能通过多数决选出 1 名候选人，得不到公认便很难当选。2005 年小泉首相在邮政民营化法案未获通过后解散众议院，便是撤回公认的做法。

不过，即便是小选举区制的选举，如果用博尔达计数法替代多数决，情况也会发生变化。得不到党执行部公认的原党议员在自己的选举区内即使遇到党内派出的对立候选人，只要该党的支持者把他排到第 2 位，他获胜的概率便会提高。

如何判断安保法案的合宪性

2015 年 9 月 19 日凌晨，参议院以多数赞成通过了《和平安全法制整备法案》（俗称安保法案）。此前，众议院已通过该法案，由此，安保法案在日本成立，防卫自国及他国的集体自卫权获得了法律认可。然而，同年 6 月 4 日，3 名宪法学者在众议院的宪法审查会上明确提出，安保法案违反宪法第九条。此后，执政党方面一直未能对该法案的合宪性做出合理说明。众多宪法学者认为该法案违宪，曾有 10 万人聚集到国会前示威游行。关于安保法案的合宪性，我们该如何做出判断?

　　争论安保法案是否违宪的目的在于论证哪一方是正确的，违宪派和合宪派拥有共同的前提：一方是正确的。这符合陪审团定理的设定。

　　那么，由谁来进行多数决才能使陪审团定理成立?

　　法律条文由专业术语和独特的表述组成，字里行间带有特定含意。没有专业知识，很难判断某项法案是否违宪。这样一来，判断容易流于主观，或者参考某著名宪法学家等他人的意见，丧失独立判断。前者有悖 $p > 0.5$ 的条件，后者有悖判断的独立性条件。

　　最终，能够对专业问题做出深思熟虑并使陪审团定理成立的恐怕就只有专家了。于是，我们来探讨由宪法专家——宪法学者们进行的多数决。

　　关于投票者的范围，我们很难做出明确的界定。比如，有人肯定认为，应该在宪法学者的基础上加入内阁法制局或最高法院的人一同投票。但是，他们通常不会表明自己的个人想法。因此，将投票者限定在可随意表达想法的宪法学者中不失为一个妥当的方案。

　　朝日电视台的一档新闻栏目《报道空间站》曾围绕"您认为此次通过的安保法案是否违反宪法"的问题对宪法学者进行了问

卷调查。调查结果如下 [①]：

[**类型Ⅰ**] 127 人认为"违反宪法"

[**类型Ⅱ**] 12 人认为"有违反宪法的嫌疑"

[**类型Ⅲ**] 3 人认为"没有违反宪法的嫌疑"

我们尝试在此结果的基础上，用贝叶斯统计学的方法求出安保法案违宪的概率。

假设现在有两个可能存在的世界，A 为"安保法案违反宪法的世界"，B 为"安保法案不违反宪法的世界"，而我们现在想知道的是现实世界是 A 还是 B。

用 p 表示 1 名宪法学者做出正确判断的概率，且假设所有宪法学者的正确概率均为 p。实际上宪法学者之间理应存在能力差异，但非专业人士很难判别，故此处一律设为 p。另外，设 p 的值大于 0.5，并假设他们都会独立进行深度思考，不听从他人，也不随波逐流（不仅是宪法学者，这应该是对专家的普遍定义）。

为了简化分析，我们略去未做出明确判断的 12 个人（类型Ⅱ）。然后，认为类型Ⅰ的 127 人判断为 A，类型Ⅲ的 3 人判断为 B。于是我们得到了统计数据，样本数共计 130 人。

我们的手中只有数据，不知道现实世界是 A 还是 B，只能从

---

① http://www.tv-asahi.co.jp/hst/info/enquete/index.html

数据中推导出 A 的概率和 B 的概率。还是记述计算过程，得出结论吧。本计算过程写得简明易懂，仔细看都能看懂，但跳过也不影响阅读。

"130 人中 127 人正确的概率"和"130 人中 127 人错误的概率"的比是：

$$p^{127}(1-p)^3 : p^3(1-p)^{127}$$

设 A 的概率为 Q，B 的概率就是 $1-Q$。因此，

$$Q : 1-Q = p^{127}(1-p)^3 : p^3(1-p)^{127}$$

即，

$$\frac{Q}{(1-Q)} = \frac{p^{127}(1-p)^3}{p^3(1-p)^{127}}$$

计算后得出，

$$Q = \frac{p^{127-3}}{p^{127-3} + (1-p)^{127-3}}$$

此处我们使用的数字是 127 和 3，但如果用其他调查结果进行计算，把 127 换成多数派的数字 b，把 3 换成少数派的数字 k 即可。概率 Q 的一般计算公式为：

$$Q = \frac{p^{b-k}}{p^{b-k} + (1-p)^{b-k}}$$

下面我们来讨论 b=127、k=3 的情况。安保法案违宪的概率 Q 究竟是多少？我们假设一名宪法学者的正确率（应该算保守估计）为 51%，即 p=0.51。此时 Q=0.99304，约 99.3%。纯金的含金量高于 99.99%，可见此时的 Q 值几乎逼近纯金的纯度。

如果我们把 p 值略微调高至 0.52，则 Q=0.99995，违宪的概率超过 99.99%。如果仿效纯金一词形容这一结果，与其说**安保法案的违宪嫌疑大，不如说它就是纯粹的违宪**。

尽管得到了 130 人中 127 人认为违宪的数据，但单纯用人数比（127/130=0.9769）得出"97.69% 的概率违宪"的结论无法揭开数据背后的真相。这个数字只是"从 130 名宪法学者中随机选出的 1 名学者回答违宪的概率"。从概率 p 和 Q 的关系推导，安保法案违宪概率的纯度更高。

市井百姓民主地做出决定和专家用专业知识做出判断是两种相对的集体决策方法。不过，即使是专家用专业知识做出的判断，也可能出现意见分歧。出现分歧时，采用专家的多数意见，正确概率就会提高。这也是陪审团定理的一种应用。

第 11 章

分析法庭上的"决策方法"

法庭未必由一名法官独自下达判决。有时数名法官进行合议，有时裁判员也参与评议。那么，当意见出现分歧时应该如何处理？即便不采用多数决，只要倾向于按多数派的意见走，实际上便和多数决无异。为何判为有罪？为何判为无罪？应该如何量刑？决策方法决定了结果和被告人的命运。

法庭上必须分出孰是孰非

无论人与人之间还是国与国之间，很多事还是不要把是非黑白分得太清，模糊处理反而是避免不必要争端的智慧。但是法庭上不能这样做。拿到法庭上的纠纷必须做出明确判决，给出一个结论。争端已然产生，而法庭的职责便是在混沌的状态中找回原有的秩序。

正因如此，下结论才要慎重。审理案件需要细致的事实认定和妥善的量刑判断。

那么，法庭上多人审理案件时，如果出现意见分歧，该如何处理？法庭无论如何都必须给出一个判决，而这一判决有时会左右一个人的命运。将不同意见总括成一个判决时，命运的指向或许就在地狱与天堂间徘徊。

用多数决判决正当防卫

活着总会遇到各种各样的事。说不定哪天交往对象就会拿起刀追杀你。遇到这种事最好逃跑。俗话说三十六计走为上策；留得青山在，不怕没柴烧。不过逃得逃不掉就另当别论了。

假如当事人选择应战，抄起手边的折叠椅猛砸对方头部，结果失手杀了对方，这种情况怎么判？正当防卫能否得到认可？就算当事人主张自己是正当防卫，但这毕竟是密室杀人，必须在刑事法庭上征得法官的认可。

为此必须满足几个条件。

比如，如果有逃跑的机会却执意反击，就称不上被逼无奈，不能视为正当防卫。再者，如果用折叠椅猛击头部被认为做得过火，还会变成防卫过当。此外还有其他可能性（比如对方可能是在当事人的挑拨下拿起刀的），不过接下来我们只分析这两种情况。

被告当事人称杀人的理由是［**理由 A**］没能逃脱突然袭击以及［**理由 B**］对方行为非常凶狠，不得已才攻击头部。假设有 3 名法官佐藤、田中和渡边审理这两个主张是否成立。他们通过合议做出判决。

如果理由 A 和 B 均得到认可，被告的正当防卫便成立。假设三名法官对理由 A 和 B 的看法分别如下。

- 佐藤认为"被告虽然没有逃跑的机会，但殴打头部做得过分"。即（虽然认可 A，但）不认可 B，因此不认可正当防卫。
- 田中认为"被告本应有逃跑的可能，但如果反击，恐怕就只有猛击头部这一种办法"。即（虽然认可 B，但）不认可 A，因此不认可正当防卫。
- 渡边认为"被告不仅没有逃跑的机会，殴打头部也属无奈之举"。即同时认可 A 和 B，因此认可正当防卫。

被告主张的 A 和 B 是使正当防卫得到认可的理由，而正当防卫能否得到认可则是结论。审理中，以理由为重还是以结论为重将会得出不同的结果。法官在审理案件时，即使不用多数决做决策，如果在合议过程中听取多数派的意见，实质上便与多数决无异。下面我们来思考该种形式的审理。

理由的多数决和结论的多数决得出的判决不同

如果对理由进行多数决，会产生什么结果？认可 A 的是佐藤和渡边，认可 B 的是田中和渡边，每个理由都得到了占多数的 2 人的认同。因此，在合议庭上，A 和 B 均得到认可，正当防卫成立。

与此相对，如果对结论进行多数决，结果又会如何？佐藤和田中都不认可正当防卫。由于多数人不认可，在合议庭上，正当防卫将不会成立。

正当防卫能否成立对被告来说有着天壤之别。成立则会无罪释放，如果不成立，最坏的可能是被判为杀人。而使用理由的多数决还是结论的多数决得出了完全相反的判决结果（**图表 11-1**）。

那么，哪种多数决才是公正的呢？

图表 11-1
▶ "理由的多数决"和"结论的多数决"得出了不同的结果（1）

法官	是否赞成理由 A	是否赞成理由 B	结论
佐藤	○	✕	✕
田中	✕	○	✕
渡边	○	○	○
多数决的结果	○	○	结论的多数决：✕ 理由的多数决：○

有理由才能得出结论。不明缘由则不得推导结论。正当防卫是由 A 和 B 这两个理由得出的结论,因此只探讨正当防卫是否成立就会偏离重点。这样的话,就应当优先理由的多数决。于是,A 和 B 都会在多数决中得到认可,最终被告的正当防卫成立。

这个案例中共进行了两次多数决——针对 A 的多数决和针对 B 的多数决。假如真相是"A 和 B 均正确",那么只有当"A 的多数决和 B 的多数决均正确"时,判决才会正确。也就是说,两次多数决必须都得出正确结果。不连续正确两次,便无法得出正确结论。这好比田径项目中的跨栏跑增加了栏数。

即便难度加大,倘若真相确实是"A 和 B 均正确",就可计算出针对 A 和 B 进行两次多数决比针对正当防卫进行 1 次多数决更容易做出正确的判断。因为一名法官只有同时承认 A 和 B,正当防卫才能成立,就好像不是满分就给不及格的打分人。被告必须从这样的两名打分人处同时得到及格。但是,如果是 3 名法官组成的集体评审,只要有 2 人认可 A,2 人认可 B,被告就能得到及格。

房客擅自转租公寓的事实如何认定

再来举一个类似的事例。

公寓房东把房租给一名年轻人,这名年轻人又背着房东把房转租给了朋友(至少房东声称如此)。不愿意让来历不明的人住进来的房东很重视这个问题。根据日本民法第 612 条，转租不可未经房东允许擅自进行。擅自转租后，房东有权解除合同。

然而，要让这条法律适用此案，几个事实必须得到承认。在此我们思考其中的 3 个事实。

[**事实 A**] 房东未曾允许年轻人私自转租。

[**事实 B**] 年轻人和朋友之间签订了转租合同。

[**事实 C**] 朋友曾住在转租的房子里。

假设房东因转租一事提起诉讼，由三名法官（佐藤、田中、渡边）审理此案。

审理中，三名法官的看法如下。佐藤怀疑"房东事前允许年轻人转租"，即只不认可事实 A；田中认为"是朋友擅自住了进去，年轻人反而是受害者"，即只不认可事实 B；渡边认为"朋友尚未住进去"，即只不认可事实 C。

总体来看，三名法官出于不同的理由得出了相同的结论，即民法第 612 条不适用于此案。

然而，如果分别对每项事实进行认定，或者按照多数意见进行审理，所有事实都将得到认可。于是，民法第 612 条将适用于此案，房东单方面解除合同的行为将得到认可（**图表 11-2**）。

图表 11-2

▶ **"理由的多数决"和"结论的多数决"得出不同的结果（2）**

法官	是否赞成 事实 A	是否赞成 事实 B	是否赞成 事实 C	结论
佐藤	✕	◯	◯	✕
田中	◯	✕	◯	✕
渡边	◯	◯	✕	✕
多数决 的结果	◯	◯	◯	结论的多数决：✕ 理由的多数决：◯

裁判员制度下如何决定量刑

参与法庭审理的不只有法官。日本于 2005 年引入裁判员制度，部分情节严重的刑事案件由一般市民组成的裁判员参与审理。裁判员每年通过抽签随机产生，当选没有预告，被选中的市民某天突然就会接到最高法院寄来的厚厚的信封，通知其当选裁判员。设立裁判员法庭需要较长的时间和较高的成本，不过，它是国家对司法机关实施民主管控的一个环节。那么何为民主管控呢？法院在国家机构中的独立性相对较高，且需要高度专业的知识，而在法院中加入普通国民的想法和视线可以给予法院适当的刺激和紧张感。

在裁判员法庭上，3 名法官和 6 名裁判员组成一个小组。这 9

个人决定被告是否有罪以及有罪时的量刑。在其他国家，陪审员通常只判断是否有罪，量刑则交给专业法官。而日本采用的是裁判员制度，裁判员也同样要参与量刑的判断。

决定有罪或无罪是二选一的选择题，相对比较简单。然而，量刑的决定不是二选一。它拥有太多选项，容易出现意见分歧，无法用简单的多数决整合出最终意见。例如，如果 9 个人对刑期的意见分别为"5 年 1 个月、5 年 2 个月、5 年 3 个月、5 年 4 个月、5 年 5 个月、5 年 6 个月、5 年 7 个月、无期徒刑、无期徒刑"，就算"无期徒刑"获得了最多的 2 票，但据此判为"无期徒刑"恐怕不妥，因为在 5 年零几个月的问题上出现了严重的选票分流。

那么，在裁判员法庭上，量刑应如何决定？实际上，法律对此已有详细规定。以下引用规定这一决策方法的《裁判员参加刑事审判法》（第 4 章第 67 条第 2 项）。

《裁判员参加刑事审判法》（第 4 章第 67 条第 2 项）

若围绕量刑出现意见分歧，且无一意见取得包括法官及裁判员在内的合议庭成员的过半票数，则实行票数沿着有利于被告人的方向逐次递加，直到某一意见取得包括法官及裁判员在内的合议庭成员的过半票数，该意见即成为合议庭的量刑结果。

除去例外情况，这项法律的意思简单来说就是选择"正中间"。

　　比如，假设一名杀害被害人的被告适用杀人罪。杀人罪的量刑是有期徒刑 5 年以上，包括无期徒刑和死刑。在这起案件中，9 个人的意见分布为（**图表 11-3**）：

图表 11-3
▶裁判员法庭的量刑采用"中间选项"

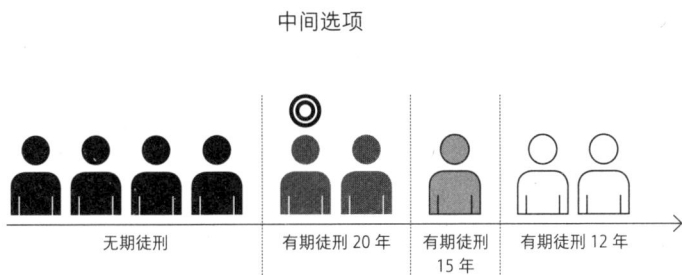

中间选项

| 无期徒刑 | 有期徒刑 20 年 | 有期徒刑 15 年 | 有期徒刑 12 年 |

正中间的人的量刑"有期徒刑 20 年"
成为最终判决

中间选项同时也是"全胜者"

		12 年		6 人以上 > 3 人以下
20 年	vs	15 年	➡	6 > 3
		无期徒刑		5 > 4

- 2 人：有期徒刑 12 年
- 1 人：有期徒刑 15 年
- 2 人：有期徒刑 20 年
- 4 人：无期徒刑

如果采用多数决，得到最多 4 票的无期徒刑将成为最终量刑，但它不是"正中间"。正中间是有期徒刑 20 年。具体来说，9 的正中间是 5。从量刑较轻的一端数起第五个是有期徒刑 20 年，从量刑较重的一端数起第五个也是有期徒刑 20 年。从哪边数都会得出同样的结论，这从正中间的定义来看是理所应当的。在统计学中，处于数值数据正中间位置的值叫作中位数 (median)，其特点是不受少数几个极端值的影响。

举个例子。在收入分布中，极少数的富裕层会拉高平均收入，而中位数收入则不受其影响，因此更能反映出普通老百姓的收入情况。换用 5 个数字的序列来表示的话，（12,2,2,2,2）的中位数是 2，而（102,2,2,2,2）的中位数也是 2。如果计算平均数，则前者是 4，后者是 22。某一个值的极端变化（从 12 到 102）不会影响中位数的值。

"中位数选项"能够选出全胜者

我们把位于 9 个人意见正中间的选项称作中位数选项。在上面的事例中，有期徒刑 20 年即为中位数选项。中位数选项有两个出众的特性。一是能够选出全胜者，二是结果不受极端选项的影响。

　　所谓全胜者，即在和其他选项的双向多数决中全部取胜的选项。在这个事例中，全胜者为有期徒刑 20 年。我们来核实一下，在"有期徒刑 20 年 vs 有期徒刑 15 年"的多数决中，有期徒刑 20 年以 6 比 3 胜出；在"有期徒刑 20 年 vs 无期徒刑"的多数决中，有期徒刑 20 年也会以 5 比 4 胜出。此外，中位数选项为全胜者的现象被称为**中间投票人定理**（median voter theorem）。

　　其次，结果不受极端选项影响指的是下面这种情况。比如，认为判无期徒刑最合适的 4 个人故意提出了极端方案"死刑"，则 9 个人的意见分布变为：

- 2 人：有期徒刑 12 年
- 1 人：有期徒刑 15 年
- 2 人：有期徒刑 20 年
- 4 人：死刑

　　但是，正中间的依然是有期徒刑 20 年（**图表 11-4**）。谈判有一种战术，最初先故意提出高要求，借此引出对方让步。这种战术在谈判中有时会奏效，但对中位数选项却没有任何作用。我在第 9 章曾经提到，在表明真实想法的"随机独裁制"下，表明真实想法对任何人来说都有好处，所以这种决策方法满足防策略

图表 11-4

▶ "中位数选项" 不受极端意见影响

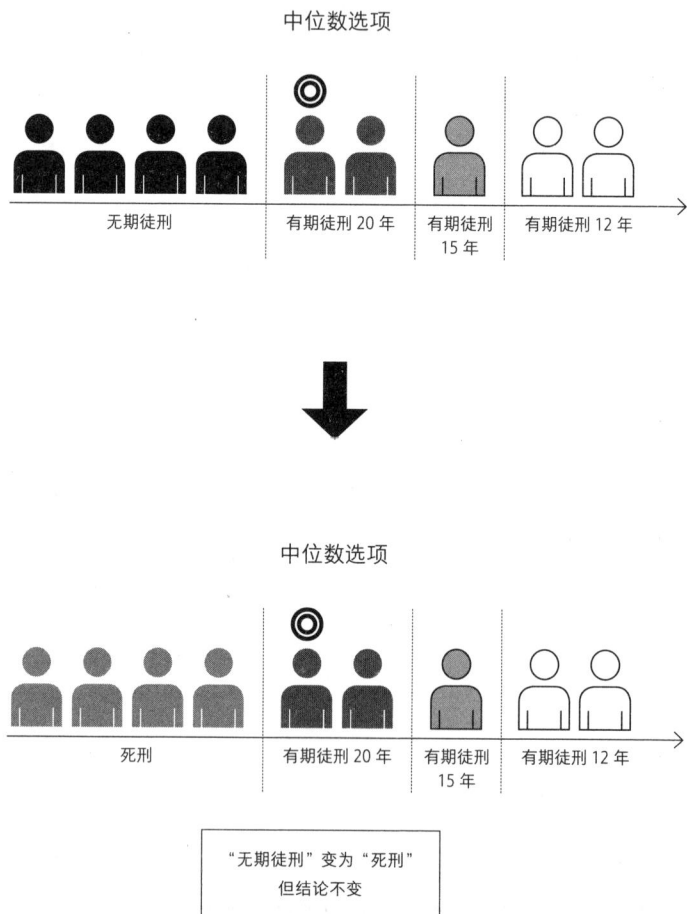

中位数选项

无期徒刑　　　　有期徒刑 20 年　　有期徒刑　　有期徒刑 12 年
　　　　　　　　　　　　　　　　　15 年

中位数选项

死刑　　　　　　有期徒刑 20 年　　有期徒刑　　有期徒刑 12 年
　　　　　　　　　　　　　　　　　15 年

"无期徒刑" 变为 "死刑"
但结论不变

性。而此处选择正中间的决策方法也满足这种防策略性。

选项像量刑时那样排列时，选择正中间的选项即可。这种方法既能选出全胜者，又能化解用极端选项影响投票结果的战术。第 7 章中提到的多数判决制也是一种通过选择正中间的选项来避免极端评价的方法。

笔者不清楚《裁判员参加刑事审判法》在制定的过程中是否也考虑到了中位数选项的优势，但制定者也许至少在潜意识里想到了这一点。不管如何，该法律中规定的量刑方法非常合理。

补充一点，该法律还规定了不选择中位数选项的特殊情况：法官和裁判员出现了严重的意见分化，裁判员的裁决占据了中间位置时。例如：

• 2 名法官：有期徒刑 12 年

• 1 名法官：有期徒刑 15 年

• 2 名裁判员：有期徒刑 20 年

• 4 名裁判员：死刑

此时，法官的量刑相对较轻，裁判员的量刑相对较重。二者之间出现明显分化。

只有在这种情况下，最终量刑不选取中位数选项——有期徒刑 20 年，而选择离它最近的法官的量刑——有期徒刑 15 年。

在日本，裁判员介入庭审时更容易判处死刑。在只有法官裁决时，如果被告只杀了 1 个人，只要情节不属于极端恶劣，就不会判死刑。可一旦有裁判员参与其中，即使某些案件的被告只杀了一个人，也会被判处死刑。我们暂且不论死刑制度的对与错，这种现象反映了决定量刑的司法权受到民主管控介入的影响。

在现行制度下，裁判员最高只能参与地方法院的审理。即使地方法院判处杀害 1 个人的被告以死刑，这一判决也会在高等法院被推翻。现状即是如此。也就是说，高等法院推翻死刑在一定程度上抑制着民主管控。

在此，值得注意的是民主管控对至少一名法官所产生的影响。尽管死刑在高等法院会被推翻，但地方法院判处死刑就意味着至少有一名法官赞成了那种偏离量刑惯例的判决。假如全部的 6 名裁判员都提出死刑，只要有一名法官没有提出死刑，最终的结果就不会是死刑。虽然审理过程不公开，但我们可以从量刑的决策方法观察到民主管控对决策的影响。

第

4

部分

不应尊重的多数意见

第 12 章

公平决定费用分摊

公用设施的费用应该如何分摊？谁都想减少自己的开支，没有哪个选项能获得全体一致赞同。另外，用多数决让某个人支付全款也有失妥当。即便是公用设施，每个人从中获取的利益也各不相同。这类问题需要一种容易接受且公平的费用分摊方法。下面让我们通过一则公寓电梯维修的事例思考这个问题。对应提出的是沙普利值（Shapley value），一种按所得利益分配的支付方法。

让 1 层住户全额负担电梯维修费

某日的《东京新闻报》上刊登了一篇题为"多数决的悖论"的评论。这篇法学家野村修也的投稿讲述了一个有关公寓公共设施费用分担的轶事。现将主要内容总结如下。[①]

　　一栋 5 层高的公寓要对电梯进行维修。公寓自治会上正在热议这个问题。平时不用电梯的 1 层住户拒绝承担维修费，讨论迟迟得不出结果。这时，5 层的住户想出一个歪点子，提议"让 1 层住户负担全额费用"。这一提议在多数决中得到了 2 层到 5 层住户的一致赞成，最终以 80% 的得票率获得通过。

　　这大概不是真实事件，只是有关多数决滥用的一个故事。那么，在这则故事中，多数决是如何被滥用的呢？

　　从陪审团定理的角度来看，多数决的对象必须有关全体的共同利益。然而在谁来支付费用的问题上，人们的利益是相悖的。再者，每层住户从电梯中获得的利益也大不相同。1 层住户乘坐电梯的机会很少，把维修费用全部推给他们是极不合理的决定。

　　既然不能用多数决，那么电梯维修费用究竟应该如何分摊？什么样的分摊方式才能做到公正？亚里士多德曾提出公正的标准："平等的人应受平等的对待，不平等的人应受不平等的对待"，让我们以此为线索思考这个问题。

---

① 野村修也，"纸团多数决的悖论"，《东京新闻·中日新闻》，2014年 2 月 19 日。

司法给出的答案：1 层住户也应支付费用

电梯等公寓公共设施的维修费用通常来源于各户每月缴纳的管理费所形成的资金池。而如今的普遍观念是，管理费金额取决于专有面积，和层数无关。因此，不管是 1 层住户还是最高层的住户，如果专有面积相等，就要同等负担电梯的维修费用。

曾经有一栋公寓的 1 层住户告到东京地方法院，认为"电梯的维修费用应该由 2 层以上的住户支付"。但是这一申诉被驳回了。法院给出的理由是：1 层住户也可以使用电梯，而且电梯是公寓作为整体所不可缺少的一部分。[①]

我们先来关注"1 层住户也可以使用电梯"，即电梯的使用权。从电梯使用权人人平等的角度来说，的确所有住户都是平等的。不过，不同楼层的住户使用电梯的区间大不相同。住在 10 层公寓 4 层的住户通常只使用电梯的"1~4 层"。

有了驾照和汽车，谁都可以上高速公路。即便如此，高速公路还是采取了受益者负担的原则，向使用高速公路的人强制征收使用费。如果电梯费用分摊的问题也采用受益者负担的原则，每层住户所得的利益不同，负担的金额理应不同。因此，在"使用权平等，负担平等"的同时，还要考虑到"受益不平等，负担也不平等"的一面。那么，不平等的这部分负担应该如何计算呢？

---

① 2004 年 12 月 21 日，东京地方法院判决。

决定费用分摊的最佳手段——"沙普利值"

我们可以用"博弈论"的见解思考费用分摊的问题。博弈论是一门研究人类集体行为的学问，由冯·诺依曼（John von Neumann）和摩根斯特恩（Oskar Morgenstern）于 1944 年出版的大作《博弈论和经济行为》（*Theory of Games and Economic Behavior*）奠定了基础。费用分摊是它的一种应用。

1974 年，博弈理论家利特柴尔德 (Littlechild) 和欧文 (Owen) 探讨了分摊机场跑道建设成本的"机场博弈"问题。在不同层之间移动的电梯和飞机起降所用的跑道虽然有很大差异，但从费用分摊的角度来看又有很多相似之处，即谁也不会使用它的全部。

机场博弈探讨了建设一条跑道的情况。使用跑道的是航空公司 A、B 和 C。每家公司起降的飞机型号不同，公司 A 是小型机，公司 B 是中型机，公司 C 是大型机。机型越大，需要的跑道越长。因此，公司 A 只需要短跑道就能使飞机顺利起降，而公司 B 需要中等长度的跑道，公司 C 则需要长跑道。

要满足三家公司的需求，必须建造一条公司 C 所需要的长跑道。可是，公司 A 和公司 B 都不需要那么长的跑道。

假设建设短跑道所需的成本是 12 亿日元，中跑道需要 18 亿日元，长跑道需要 23 亿日元。也就是说，满足公司 C 的大型机的需求要花费 23 亿日元。

那么，这 23 亿日元该如何分摊给三家公司呢？

　　计算与贡献相应的利益或与受益相应的负担的分配时，可以使用**沙普利值 (Shapley value)**。这种计算方法很好地体现了"平等的人应受平等的对待，不平等的人应受不平等的对待"。沙普利值的计算通常比较复杂，但机场博弈是个例外，算法简单易懂。

　　首先把长跑道划分成 3 部分，如**图表 12-1** 所示。

　　[部分 A]公司 A、B 和 C 都使用的部分，即短跑道的部分。

　　[部分 B]公司 B 和 C 使用的部分，即短跑道延长至中跑道所增加的部分。

　　[部分 C]只有公司 C 使用的部分，即中跑道延长的部分。

　　沙普利值将通过以下思维方式将 23 亿日元分配到三家公司。

　　首先，部分 A 是 A、B、C 三家公司都使用的部分，因此把 12 亿日元的建设成本均分成三份，每家公司分别出 4 亿日元。这种做法对平等的事物给予了平等对待。

　　部分 B 是 B 和 C 两家公司使用的部分，因此把部分 A 延长出来的部分所需的 6 亿日元（=18 亿日元 −12 亿日元）成本均分成两份，公司 B 和 C 各出 3 亿日元。公司 A 则一分不出。公司 B 和 C 虽然得到了平等对待，但它们和公司 A 的待遇不同。因为公司 A 不使用部分 B，和公司 B、C 之间存在不平等。

　　部分 C 只有公司 C 使用。因此，部分 B 延长出来的部分所需

图表 12-1

▶根据受益分配负担的"沙普利值"的思维方法

按受益者划分跑道

部分 C	部分 B	部分 A

计算各部分的费用

部分	成本	使用公司	各公司的平均费用
A	12	A、B、C	4
B	6	B、C	3
C	5	C	5

各公司的费用

公司名	部分 A 的费用	部分 B 的费用	部分 C 的费用	合计
A	4	0	0	4
B	4	3	0	7
C	4	3	5	12

共计 23 亿日元

单位：亿（日元）

的 5 亿日元成本（=23 亿日元 −18 亿日元）由公司 C 全额支付。公司 C 和不使用该部分的公司 A 和 B 的待遇不同。而公司 A 和 B 的支付额相同，均为 0 日元。

据此计算出各家公司的支付金额，即：

公司 A 的支付额 = 4 亿日元

公司 B 的支付额 = 4 亿日元 +3 亿日元 =7 亿日元

公司 C 的支付额 = 4 亿日元 +3 亿日元 +5 亿日元 =12 亿日元

三家公司的支付额相加，正好是长跑道的建造成本 23 亿日元。

用沙普利值解决电梯维修费用的分摊问题

我们尝试将机场问题中的沙普利值运用到上文中 5 层公寓的电梯维修问题（**图表 12-2**）。

1 层住户不使用电梯，因此负担额为零。

1~2 层的维修费用（C1）由 2~5 层的住户负担。

2~3 层的维修费用（C2）由 3~5 层的住户负担。

3~4 层的维修费用（C3）由 4~5 层的住户负担。

4~5 层的维修费用（C4）由 5 层的住户负担。

图表 12-2

▶ "沙普利值" 在电梯费用分摊问题上的应用

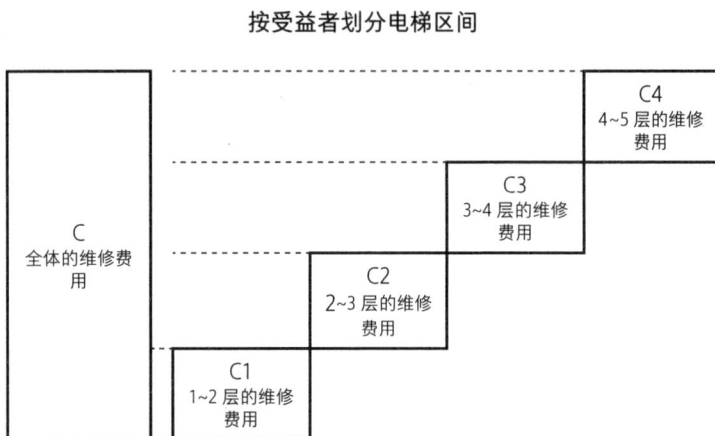

按受益者划分电梯区间

| 部分 | C 全体的维修费用 | C1 1~2 层的维修费用 | C2 2~3 层的维修费用 | C3 3~4 层的维修费用 | C4 4~5 层的维修费用 |

计算各部分的费用

部分	计算方法	负担人
C4	C（设想只有 4 层时的费用）	5 层住户
C3	（设想只有 4 层时的费用） －（设想只有 3 层时的费用）	4~5 层住户
C2	（设想只有 3 层时的费用） －（设想只有 2 层时的费用）	3~5 层住户
C1	设想只有 2 层时的费用	2~5 层住户

C1 到 C4 的各项费用由电梯维修人员得出。不过，只维修电梯的一部分是不切实际的。比如，不可能"只维修 2~3 层的部分"。那么，该如何得出 2~3 层的维修费用呢？一个方案是通过设想推算出相当于 C2 的金额。

例如，设想"公寓只有 2 层时电梯的维修费用"，得出的值便是 C1。然后，设想"公寓只有 3 层时电梯的维修费用"，得出的值是 C1+C2。也就是说，将设想公寓只有 3 层和 2 层时的差额设为 C2。

同理，"公寓只有 4 层时电梯的维修费用"为 C1+C2+C3。设想公寓只有 4 层，它和 3 层的差额为 C3。

最后，我们将现实中的 5 层公寓的实际维修费用设为 C。

于是，4~5 层的维修费用 C4 可通过 C4=C-（C1+C2+C3）求得。

这样一来，支付总额正好是 C=C1+C2+C3+［C-（C1+C2+C3）］，刚好凑齐实际所需的维修费用 C。

至于各层的负担金额该如何分摊到该层住户的头上，如果按照现行制度，就要由各户根据专有面积支付相应比例。

用"凸组合"征得住户们的认同

但是，光用沙普利值决定费用分摊是否有失公允？就算 1 层住户从来不用电梯，是否也从正常运转的电梯中获得了利益呢？

上文介绍的东京地方法院给出的理由是"电梯是公寓作为整体所不可缺少的一部分"。如果公寓的电梯一直故障没人修理，即便1层住户不使用电梯，资产价值也会下滑。搞不好还会使公寓演变成贫民楼。

可见维修电梯有两项利益：

（1）电梯本身的便捷性。居住楼层越高，受益越大。

（2）电梯可提升公寓整体的安全保障价值。正如东京地方法院所言，这可以视为各层住户的共同利益。

在费用分摊中，（1）对应沙普利值，（2）对应均摊。将二者合二为一的方法便是**把电梯维修费用的总额分成两部分，一部分按沙普利值走，另一部分按均摊走**。这种方法在数学上叫作"**凸组合**"。

为了让说明更加简单，我们以每层只有1户住户的3层公寓为例来讲解凸组合的应用（**图表 12-3**）。设维修费用总额 C=48。首先计算沙普利值。

设 1~2 层的维修费用 C1 为 36。这些费用由 2 层住户负担 18，3 层住户负担 18。

设 2~3 层的维修费用 C2 为 12（48-36）。这部分费用全部由 3 层住户负担。

于是，各层的负担金额分别为 1 层负担为零，2 层负担 18，3

图表 12-3

►融合"沙普利值"与"均摊"的"凸组合"

3 层公寓的电梯维修费用
（C=48 亿日元，C1=18 亿日元，C2=12 亿日元）

楼层	（1）沙普利值	（2）均摊	当（1）:（2）为 5:5 时的费用
3	30	16	23 （30×0.5）+（16×0.5）
2	18	16	17 （18×0.5）+（16×0.5）
1	0	16	8 （0×0.5）+（16×0.5）

层负担 18+12=30。这便是沙普利值得出的结果。

现在，假设我们考虑到（2）的价值，将总费用的 50%，即 24 用均摊原则进行分配。

用层数 3 除总费用的一半 24，得出每层各负担 8。

将沙普利值减至一半后，1 层仍为 0，2 层为 9，3 层为 15。

在每层的均摊的基础上加上减至一半的沙普利值，得出：

1 层为 8+0=8

2 层为 8+9=17

3 层为 8+15=23

这是将比例控制在 50% 时，沙普利值和均摊的凸组合的值。即使比例不是 50%，这个值也可以用相同的算法得出。

用"中位数选项"决定妥协点

那么，用凸组合把沙普利值和均摊结合到一起时，应该如何决定二者的比例？从维修费用全部均摊的 0%，到全部按沙普利值走的 100%，摆在我们面前的选项有很多。

当多人决定这一比例时，应该采用哪种决策方法呢？比如，在公寓住户组成的自治会或者销售公司在制定管理规章的会议上，应该如何决定呢？

如果一个人出于某个原因提出一个方案并得到大家的赞同，那就敲定了。比如，某人认为"电梯本身的便捷性和它为公寓价值提升所做的贡献都很重要，我们就五五分吧"，据此提出 50%。或者根据现行制度所说的"1 层住户也平等享有电梯的使用权"，提议将沙普利值的比例降为 0%。比例的数值很难只根据原理原则做出决定。原理原则比较宽泛，不具备决定这种细节的调节功能。于是，我们不思考哪种比例是正确的，而思考哪种比例或者哪种选择方法最容易让人们接受。

假设现在每个人心中都有一个最佳比例点。当比例低于这个点时，会感到"沙普利值的比例过低"；当比例高于这个点时，会感到"沙普利值的比例过高"。我们称其为**峰值**。

峰值因人而异，但我们想方设法要从中选出一个值。

一种不好的决策方法是取峰值的平均值。比如，由 3 个人做决定，他们的峰值分别为"10%，30%，50%"，取个平均就是30%。如果采用这种方法，峰值为 50% 的人一旦不说实话，而说出极端的 100%，就能把结果导向自己所希望的方向。即，"10%，30%，100%"的平均值为 46.7%，和他心中的峰值 50% 非常接近。

优秀的决策方法是选择正中间的峰值。如果 3 个人的峰值为"10%，30%，50%"，就选择正中间的 30%；即便 3 个人的峰值变成"10%，30%，100%"，正中间依然是 30%。就算有人故意给出极端的数字，也无法按自己的意愿诱导结果。

正如第 11 章所提到的，正中间的峰值被称为**中位数选项**。此时中位数选项是全胜者，在和所有其他选项的多数决中均能胜出。

> 在"10% 对 30%"的多数决中，峰值是 50% 的人会转向支持 30%，因此 30% 将以 2 比 1 胜出。
>
> 在"30% 对 50%"的多数决中，峰值是 10% 的人会转向支持 30%，故 30% 将以 2 比 1 胜出。

对于排列成一行的选项来说，选择中位数选项——**中间规则**是最佳的决策方法。这样做不仅能避免投票者通过极端回答诱导结果，还能选出全胜者。全胜者的性质使它代表了实际多数意见，而且"正中间"的选项容易让大家理解这是共同妥协让步的结果，也更容易让投票者接受。

我们来总结一下电梯维修费用分摊金额的计算步骤。

（1）首先计算沙普利值。

（2）其次用峰值的中位数选项决定沙普利值与均摊的比例。

（3）最后用（2）的比例求得沙普利值与均摊的凸组合。

第 13 章

"双方都赞同的决斗"是否应得到尊重

争执不下的两个男人为决出结果，决定决斗。二人约在下周日的深夜去一片荒无人烟的野地。他们没有受到任何人的强迫，出于自愿做出了这个全体一致赞同的选择。那么，这种全体一致赞成的决定是否应当得到尊重？假如不值得尊重，或许说明这种行为在任何意义上都应当叫停吧。当我们以"赶快放弃这么愚蠢的想法"为由介入他们的全体一致决定时，我们的根据又在哪里？

2014 年共有 15 人因决斗罪被捕

日本法律明令禁止决斗。

1889 年日本刑法第 34 号对"决斗罪相关内容"进行了规定，除决斗当事人以外，当场见证人和场所提供人均会受到责罚。

1889 年已成为遥远的过去。不过，这项法律在没有决斗的现代也并不过时。当年福冈市的几名脾气暴躁的初中生在手机聊天软件 LINE 上约定并执行决斗，最终因决斗罪被捕。

约定决斗是一个颇有意思的行为。在决斗前，决斗双方对决斗已经达成了一致的意见，不同于临时爆发的争吵或暴力行为。实际上，这种意见一致是决斗的特色。最高法院的判决也将决斗定义为"在当事人双方一致同意的基础上，以伤害对方身体或生命的暴行进行争斗的行为"[①]。

禁止决斗的理由包括单纯禁止这种愚蠢的做法或假借决斗之名施加私刑、被申请的一方不好拒绝、扰乱社会秩序、暴力应由国家以警察和军队的形式统一管理等。

即便如此，想决斗的当事人双方自愿对决斗达成一致，且不给任何人添麻烦的话，让他们随意不也挺好的吗？如果是不受任何人强迫也不给第三者造成实际伤害的决斗，那就属于个人自由的范畴吧？只要决斗罪存在，决斗就是违法行为。或许规定决斗违法本身就是一个错误。决斗是全体一致通过的结论，并非多数强迫少数服从的决定。

---

① 1951 年 3 月 16 日，最高法院第二小法庭判决。

决斗已被日本社会所接受？

在日本，人们对决斗恐怕没有特别强烈的社会厌恶感。

例如，活跃在战国到江户时期的剑豪宫本武藏如今仍受到很多人的追捧。吉川英治的小说《随笔宫本武藏》[①]和井上雄彦以其为原作创作的漫画《浪客行》[②]都是热销作品。还有《周刊少年冠军》上正在连载的板垣惠介的人气漫画《刃牙道》[③]，它描绘了通过克隆技术复活的宫本武藏和现代格斗家们的奇幻格斗。在粉丝众多的宫本武藏轶事中，最著名的恐怕就是他和佐佐木小次郎在严流岛的决斗了。

这次决斗是小次郎向武藏发起的，接受了决斗的武藏在决斗中一击夺走了小次郎的性命。严流岛决斗是武藏传记中的最高潮。然而，如果这不是一场决斗，而是武藏单方面砍杀了小次郎，武藏的人格魅力和故事性就会受到严重损害。小次郎虽然丢了性命，可决斗本是由他主动发起且在双方一致同意的基础上进行的。因此，读者不会从道德上谴责武藏杀害了小次郎。

"虚伪"的全体一致赞同

想决斗的两个男人的意志是否应当得到尊重？这种全体一致

① 吉川英治著，《随笔宫本武藏》，讲谈社，1977。
② 井上雄彦著，吉川英治原作，《浪客行》，讲谈社，1999。
③ 板垣惠介著，《刃牙道》，秋田书店，2014。

通过的结果又是否值得尊重呢？

为解答这个问题，我们来思考佐藤和渡边的事例。这两个男人对用手枪决斗达成一致。决斗的双方可以是情敌也可以是生意上的对手，总之他们一致同意要拼个你死我活。

虽说二人的意见达成了一致，可他们各自的设想是不同的。佐藤相信自己一定会赢，而渡边相信自己一定会赢。正因如此，他们才选择了"决斗"这种方式。在他们二人之间，"决斗"以全体一致赞同得到了通过。

可是，在手枪决斗中二人不可能同时获胜。不管是佐藤还是渡边，总要有一方落败。也就是说，佐藤和渡边的设想在理论上必然有一方是错误的。

在此，我们假设佐藤和渡边都还算聪明，不会同意进行自己一定会败北的决斗，即不认为"死在决斗中也未尝不可"。于是，他们当中有一人是出于错误的设想才选择了"决斗"。

对决斗结果的预测是在决斗开始之前，即事前阶段就做了的，这是肯定的。而设想的正确与否只能在决斗结束后，即事后阶段知晓。

虽然不知道佐藤和渡边谁会胜出，但可以肯定的是，他们的设想中肯定有一个是错误的。即使两名当事人达成了全体一致，但这一选择是建立在错误设想的基础上的，那么这是否算"虚伪的全体一致赞同"呢？因为在事前做出的两个设想中，有一个必定会在事后发觉是错误的。

这样一想，是否尊重决斗的意志就可以归结为优先事前还是事后这一问题上。如果优先事前，那么即便两个设想在理论上不能同时成立，我们也可以说应该尊重全体一致通过的决定。但是，如果优先事后，由于败者发现"自己的设想原来是错的"（虽然死人想不到这些），即便是全体一致赞同，决斗也是虚伪的决定，不值得尊重。

让我们来总结一下两个男人关于决斗与否的事前排序和事后排序（**图表 13-1**）。

图表 13-1
▶事前与事后完全相反的"虚伪的全体一致赞同"

决斗／不决斗的事前排序

人物	佐藤	渡边	
第 1 位	决斗	决斗	→全体一致赞同
第 2 位	不决斗	不决斗	

决斗的事后状态的排序

人物	佐藤	渡边	
第 1 位	佐藤获胜	渡边获胜	
第 2 位	不决斗	不决斗	
第 3 位	渡边获胜	佐藤获胜	→不仅没有达成全体一致，而且和事前完全相反

先来看事后。决斗后可能发生的情况有 3 种：

• 佐藤获胜
• 渡边获胜
• 未执行决斗

对这三种情况，每个人的排序均为最好是自己获胜，但与其落败被杀，还不如不进行决斗。也就是说二者的排序完全相反。

然而，在事前阶段，由于两个人都相信自己会赢，所以均把"决斗"排在了"不决斗"的前面。

即使事后结果的排序完全相反，由于设想的方向也正相反，所以像负负得正那样，事前的排序表现出了一致。

手枪决斗对事后的影响很大。毕竟败者会在决斗中失去性命，而且此后一直持续死亡状态。

如果想决斗的男人身边的人都这样想，他们就会努力保护两个男人"活着时的利益"，介入其中，让他们放弃决斗。就算是自律的个体所做的决定，只要它会对本人造成损失就要介入。这种观念名为家长主义 (paternalism)。即便决斗是当事人全体一致通过的决定，只要它是"虚伪的全体一致"，就没有多少价值，并容易受到干预。

第 14 章

个人自由与全体一致的对立

　　整合人们的各种想法是件难事，但如果想法单一，就根本没有整合的必要。倘若所有人的意见一致，集体只要按照这个意见行动即可。但是真的可以这样吗？说到底，人们的意志是否永远都是必须优先尊重的对象？阿马蒂亚·森(Amartya Sen)提出的"自由主义的悖论"便刻画了尊重全体一致与尊重自由相对立的情况。

国家和社会对个人的干涉限度——伤害原则

　　是否所有的全体一致都应得到尊重？

　　如果看重整合人们想法的价值，自然全体一致应该得到尊重。但如果人们的想法本身就缺乏价值，整合还会拥有很高的价值吗？尤其当它和其他价值发生冲突时，尊重全体一致的优先顺序是否就会下降呢？

先来看一个虽然形式上形成了全体一致，却可能不如自由主义的例子。

国家或社会可以对个人干涉到什么程度？这是有关自由的经典问题。约翰·斯图尔特·穆勒 (John Stuart Mill) 在 1859 年出版的著作《论自由》中，针对这一问题提出了**伤害原则（harm principle）**作答。

> 人们不能强迫一个人去做一件事或者不去做一件事，说其中的理由是这会对他比较好，会使他比较幸福，或在别人看来会比较明智，甚至比较正当。但若是为了向他规劝，或者是为了和他辩论，或是为了说服他，甚至是为了向他恳求，这些都是好的理由。但不能借这些理由对他实行强迫，或者说，如果他相反而行的话，便对他进行惩罚。强迫的合法性和正当性，必须是所要吓阻的行为将会对他人产生伤害①。

伤害原则中的"伤害"一词，指的是实际损害，而非心理上的不快。也就是说，伤害原则意味着"一个人的行为即使给他人造成了不快，但只要没有造成实际损害，就不得予以禁止"。穆

---

① 引文摘自摘自约翰·穆勒著，彭正梅、柏友进译：《论自由》，上海人民出版社，2012 年，第 9~10 页。——译者注

勒认同这项原则的原因如下：一个人自己最清楚自己需要什么，何谓幸福也是自己说了算。在遵守伤害原则的社会里，每个人都能追求自己的幸福，最终社会整体的幸福感也会更强。

自由主义的悖论

阿马蒂亚·森在 1998 年获得诺贝尔经济学奖，他是该奖项的首名亚洲获得者。除经济学以外，他在伦理学和哲学领域也造诣很深。他的学说的一大特点便是重视自由。

例如，森将人类各种自由的扩大视为"发展"。发展中国家变为发达国家是否意味着发展？如何看待经济开发？哪些多样的指标可以代替 GDP ？如今广泛讨论的这些问题无不起源于森的学说。联合国开发计划署制定的"人类发展指数"是一项除 GDP 以外还引入了其他多种标准的新型社会经济指标，这也是受了森的影响。

森的研究带有浓厚的哲学色彩，其中有不少是关于投票的，此外还有很多巧妙难解的内容，比如推导避免投票悖论要满足哪些条件。而在其中绽放异彩的就是下面介绍的自由主义悖论。它完全没有任何复杂的推导，在不经意间便证明了不可能性。漂亮的推导技巧仿佛精彩的魔术表演，鲜明地刻画出自由主义和人们意志的外在表现的对立。

我们来思考两个人——佐藤和中田的事例。

佐藤对某一宗教有很深的信仰，热爱该宗教的经典。而中田十分厌恶那门宗教。在他眼里，那本经典不过是欺骗民众的谎言集。

信仰完全不同的佐藤和中田其实是朋友。他们都用自己的方式关心着彼此。佐藤希望中田"收下这本经典，打开信仰的大门"，他坚信这样做可以拯救中田的灵魂。

而中田希望佐藤"放下经典，从信仰中走出来"，尽早和邪教撇清关系。

现在，我们来想一想"这本经典在物理空间上应该放在哪里"。这个问题实际上相当于"经典这一物体应该分配到何处"，是个有关资源分配的问题。

对此有三个选项。

［**选项 1**］佐藤持有
［**选项 2**］中田持有
［**选项 3**］扔掉

这三个选项都关乎经典最终的物理所在。比如，"中田先收下，然后扔进垃圾箱"的做法，虽然经典暂时由中田持有，但最终还是被扔进垃圾箱，故属于"扔掉"。

佐藤和中田分别给这三个选项做出了排序（**图表 14-1**）。

图表 14-1
▶经典应该放在何处？ —— "自由主义的悖论"

排序

个人	佐藤	中田
第 1 位	中田持有	扔掉
第 2 位	佐藤持有	中田持有
第 3 位	扔掉	佐藤持有

如何判断自由主义与全体一致

个人	"中田持有"	"佐藤持有"	"扔掉"
自由主义	✘侵害中田的自由	◯没有问题	✘侵害佐藤的自由
全体一致	—	✘"中田持有"总排在前	—

> 自由主义的"佐藤持有"与全体一致
> 原则相悖

在佐藤看来，"扔掉"是最坏的做法。如此宝贵的经典怎能扔进垃圾箱？而自己保管也并非最佳选择。自己已经从这本经典中学到了很多，所以很希望把它送给朋友中田，让他也能感悟到信仰的魅力。

而在中田看来，"扔掉"是最好的做法。最坏的情况是佐藤继续持有经典。自己虽然很讨厌那本经典，但与其让佐藤继续持有，还不如自己不情愿地收下。

平等保护自由的领域

那"扔掉"是不是理想的选择呢？

宗教在佐藤心中的地位很重，他无法忍受自己的经典被扔掉；中田虽然看不惯佐藤的信仰，但归根结底佐藤的信仰对中田不构成任何伤害。按照伤害原则，"扔掉"是非法侵害佐藤的信仰自由。因此，无法选择"扔掉"。

那么，"中田保管"是理想的选择吗？中田非常厌恶那门宗教，无论他要持有还是扔掉那本经典，佐藤都不应插手。根据伤害原则，选项"中田保管"非法侵犯了不愿持有经典的中田的自由，故不能选择。

通过以上思考，要尊重佐藤的自由就不能"扔掉"；要尊重中田的自由就不能让"中田持有"。剩下的就只有"佐藤持有"了。

那么，"佐藤持有"是不是三个选项中最理想的呢？如果重视对自由的尊重，既然只剩下这一个选项，就没有其他选择了。

　　然而，佐藤和中田都把"中田持有"排在"佐藤持有"的前面。在全体一致的判断中，"中田持有"优于"佐藤持有"。因此，此处选择"佐藤持有"有悖全体一致。可见，如果出于对自由的尊重而选择"佐藤持有"，便无法尊重全体一致的原则。这便是森提出的自由悖论。它描绘了两个原理不能同时成立的不可能性。

　　包括森本人做出的回答在内，对这个问题的看法和解决方法共有几种①。下面主要论述内心自由和"不尊重全体一致"，这两者并不相同。

　　为什么会产生不可能性？我们应该关注的是使全体一致成立的二人的内心世界。佐藤和中田都把"中田持有"这一选项排到了"佐藤持有"的前面。二人在这组前后关系上是相同的。但是二人的想法却会相互产生摩擦。中田希望"佐藤远离信仰"，而佐藤希望"中田培养信仰"，二者拥有相互干涉的内心，都想把自己所坚信的"善"强加给对方。

　　并非所有内心的自由都应得到社会的尊重。虽然想侵害他人的自由也属于个人的自由，但在尊重自由的社会，这种内心世界不会得到优先照顾。所以，虽说这个事例没有尊重全体一致，但**这种全体一致本身就不值得尊重，因此无须重视。**

　　当二人的内心世界相互侵害对方的自由时，与其实现他们内

---

① 参见铃村兴太郎：《社会选择理论·绪论》，第 6 章，东洋经济新报社，2012 年。

心的想法，不如优先平等保护自由的领域。如果承认了这种优先顺序，在上面的事例中，信徒佐藤就会继续持有经典，中田也不会再管佐藤。说不定这样一来，佐藤失去了脱离信仰的机会，而中田失去了入教的机会。但是，通往幸福的道路是由每个当事人自己决定的，选择的责任也由当事人自己承担。这样一想，我们也就不会再计较这个问题了。

后　记

　　活着总会遇到各种各样的事，撰写这本书所花费的时间远远超出了预期。在此必须感谢坚持不懈伴我一路走来的钻石社的责任编辑上村晃大先生。

　　在撰写本书期间，我深知给许多人添了不少麻烦。没有收到邮件回复、没有收到校样反馈、要求延长稿期、临时毁约等，总之我对所有包容并关照我的人俯身致以深深的歉意。

　　虽说写书耗费了很长时间，出版期也推迟了不少，但我也误打误撞得了几个好处。刚动笔时，我根本没想到唐纳德·特朗普竟然能得到共和党的提名，把他写成了一个玩票性质的泡沫候选人。还有一处没想到的是，日本民主党竟然更名为民进党。这两点后来都得以修正。

　　本书很多内容都源于执笔期间与各方人士的交流。鉴于人数众多，在此不一一提及，但如果你觉得可能包括自己，请收下我深深的谢意。

　　特别感谢对原稿做出细致评论的大谷秀平和冈本实哲（均为

庆应义塾大学经济学研究科研究生）以及玉手慎太郎先生（东京大学生命医疗伦理教育研究中心特任研究员）。

本书虽独立成册，但笔者将其定位为前著《质疑多数决》（岩波新书，2015）的姊妹篇。相比而言，本书更是一本平易近人的读物，涉及众多时事热点，也未对学术的历史和思想进行深入探讨。这或许是受到撰写期间接连发生的重大选举事件的影响，诸如大阪都构想的居民投票、安保法案的乱象、美国总统选举的唐纳德旋风等。此外，对于想正式学习决策方法数学原理的读者，不才自荐拙著《社会选择理论入门》（日本评论社，2013）供参考。

最后，我要提出一个问题：未来日本的多数决选举会向更加完善的方向转变吗？我认为有这个可能。要改变选举制度，就需要国会议员修订公职选举法。这难度很大。为此，我建议媒体应先把舆论调查的方法改为本书中介绍的决策方法。即不再单纯采用多数决，询问受访者"支持哪个政党"，而用博尔达计数法的形式询问"在你心中哪个政党排名第一、第二和第三"，或者采用循环赛的形式，询问"在这个政党和那个政党之间，你更支持哪个政党"，把预测选举结果的舆论调查转变为体现人民真实想法的舆论调查。

这种涵盖丰富信息的舆论调查所体现出的民众想法理应和现有选举制度下产生的议席分配情况大不相同。对此可以提出很多有趣的问题。比如，在第二次安倍政权下，自民党和公明党组成联合政权，且自民党在议席数上也具有压倒性优势。但是，如果把自民党和公明党做比较，哪一方受到的支持更多？不少在野党的支持者认为公明党强于自民党。就连这种简单的问题也难说结果如何。

在主要政党——如自民党、民进党和公明党之间是否存在投票悖论？详尽的舆论调查能曝光民众的真实想法，清晰地反映出民众意志和当今选举制度下议席分配的背离。这种背离或将使人们意识到改良选举制度的必要性。

最后，怀着对两个茁壮成长的孩子——文嘉和树的爱，住笔于此。

2016 年 6 月 1 日

坂井丰贵

主要参考文献

第 1 部分 决策方法决定历史

第 1 章 选举结果能体现民意吗？

Rae D W, Daudt H. The Ostrogorski paradox: a peculiarity of compound majority decision[J]. European Journal of Political Research, 1976, 4(4): 391-398.

Riker W H. The two-party system and Duverger's law: an essay on the history of political science[J]. American Political Science Review, 1982, 76(4): 753-766.

Duverger's Law of plurality voting: The logic of party competition in Canada, India, the United Kingdom and the United States[M]. Springer Science & Business Media, 2009.

第 2 章 "民主的"决策方法——博尔达计数法

Coughlin P. A direct characterization of Black's first borda count[J]. Economics Letters, 1979, 4(2): 131-133.

Emerson P. Designing an all-inclusive democracy: Consensual voting procedures for use in parliaments, councils and committees[M]. Springer Science & Business Media, 2007.

Emerson P. From Majority Rule to Inclusive Politics[M]. Springer, 2016.

McLean I, Urken A.Classics of social choice[M]. University of Michigan Press, 1995.

第3章 选项之间的单挑——循环赛

Kurrild-Klitgaard P. An empirical example of the Condorcet paradox of voting in a large electorate[J]. Public Choice, 2001, 107(1-2): 135-145.

Tabarrok A. President Perot or fundamentals of voting theory illustrated with the 1992 election[J]. Public Choice, 2001, 106(3): 275-297.

De Condorcet N. Essai sur l'application de l'analyse à la probabilité des décisions rendues à la pluralité des voix[M]. Cambridge University Press, 2014.

第4章 决策方法决定历史

大沢秀介. 現代型訴訟の日米比較 [M]. 弘文堂, 1988.

Riker W H. Liberalism against populism: A confrontation between the theory of democracy and the theory of social choice[M]. Waveland Press, Incorporatedcc1982., 1982.

McLean I. William H. Riker and the Invention of Heresthetic (s)[J]. British Journal of Political Science, 2002, 32(3): 535-558.

Tabarrok A. President Perot or fundamentals of voting theory illustrated with the 1992 election[J]. Public Choice, 2001, 106(3): 275-297.

Mackie G. Democracy defended[M]. Cambridge University Press, 2003.

Jenkins J A, Morris I L. Running to Lose?: John C. Breckinridge and the Presidential Election of 1860[J]. Electoral Studies, 2006, 25(2): 306-328.

Robert H M. Robert's Rules of Order Revised for Deliberative Assemblies[M]. Scott, Foresman, 1915.

第 2 部分 哪种决策方法最适合选项多于三个的投票

第 5 章 盘点决策方法——全胜者与全败者

Nurmi H. An assessment of voting system simulations[J]. Public Choice, 1992, 73(4): 459-487.

Brams S, Fishburn P C. Approval voting[M]. Springer Science & Business Media, 2007.

Black D, Newing R A, McLean I, et al. The theory of committees and elections[J]. 1958.

Okamoto N, Sakai T. The Borda Rule and the Pairwise-Majority-Loser Revisited. [J].unpublished manuscript.

第 6 章 思考最佳的计数规则——计数法

隠岐さや香. 科学アカデミーと「有用な科学」: フォントネルの夢からコンドルセのユートピアへ [M]. 名古屋大学出版会, 2011.

Condorcet: foundations of social choice and political theory[M]. Edward Elgar Publishing, 1994.

Borda J C. Mémoire sur les élections au scrutin[J]. Histoire de l'Academie Royale des Sciences pour 1781 (Paris, 1784), 1784.

Fishburn P C, Gehrlein W V. Borda's rule, positional voting, and Condorcet's simple majority principle[J]. Public Choice, 1976, 28(1): 79-88.

Okamoto N, Sakai T. The Borda Rule and the Pairwise-Majority-Loser Revisited. [J].unpublished manuscript.

De Condorcet N. Essai sur l'application de l'analyse à la probabilité des décisions rendues à la pluralité des voix[M]. Cambridge University Press, 2014.

Tabarrok A. President Perot or fundamentals of voting theory illustrated with the 1992 election[J]. Public Choice, 2001, 106(3): 275-297.

Brams S J, Merrill S. Would Ross Perot have won the 1992 presidential election under approval voting?[J]. PS: Political Science & Politics, 1994, 27(1): 39-44.

第7章　按"绝对评价"做出决策————认可投票

武満徹. すべての因襲から逃れるために：対談集 [M]. 音楽之友社 , 1987.

Simonson I, Tversky A. Choice in context: Tradeoff contrast and extremeness aversion[J]. Journal of marketing research, 1992, 29(3): 281.

Ohtsubo Y, Watanabe Y. Contrast effects and approval voting: an illustration of a systematic violation of the independence of irrelevant alternatives condition[J]. Political Psychology, 2003, 24(3): 549-559.

Shefif M. Social Judgement Assimilation and Contrast Effects in Communication and Attitude Change[M]. Yale University Press, 1965.

Balinski M, Laraki R. Majority judgment: measuring, ranking, and electing[M]. MIT press, 2011.

第3部分　多数决在二选一投票中的正确用法

第8章　多数决做出正确判断的概率——陪审团定理

Rand A. The night of January 16th[M]. Penguin, 1971.

第9章　多数决与暴力的区别

安部公房. 水中都市 デンドロカカリヤ. 新潮社 ,1973.

Gibbard A. Manipulation of schemes that mix voting with chance[J]. Econometrica: Journal of the Econometric Society, 1977: 665-681.

Gibbard A. Manipulation of voting schemes: a general result[J]. Econometrica: journal of the Econometric Society, 1973: 587-601.

Satterthwaite M A. Strategy-proofness and Arrow's conditions: Existence and correspondence theorems for voting procedures and social welfare functions[J]. Journal of economic theory, 1975, 10(2): 187-217.

第 10 章　国会的多数决用法正确吗？

Fleurbaey M. One stake one vote[J]. Manuscript, Univ. Paris-Descartes, 2008.

瀧川裕英, 宇佐美誠, 大屋雄裕. 法哲学 [J]. 2014.

児玉聡. 功利と直観 : 英米倫理思想史入門 [M]. 勁草書房 , 2010.

井上達夫. リベラルのことは嫌いでも、リベラリズムは嫌いにならないでください――井上達夫の法哲学入門. 毎日新聞出版,2015.

辻村みよ子. 比較憲法 [M]. 岩波書店 , 2011.

長谷部恭男 , 杉田敦. 憲法と民主主義の論じ方 [M]. 朝日新聞出版 , 2016.

Marx K. Die Klassenkämpfe in Frankreich, 1848 bis 1850[M]. Vorwärts, 1895.

第 11 章　分析法庭上的"决策方法"

Grofman B. Research note: The accuracy of group majorities for disjunctive and conjunctive decision tasks[J]. Organizational Behavior and Human Decision Processes, 1985, 35(1): 119-123.

佐藤健 , 浅井健人 , 古川昂宗 , 等 . PROLEG: 論理プログラミングをベースとした民事訴訟における要件事実論の実装 [J]. 知識ベ - スシステム研究会 , 2011, 92: 1-8.

Black D. On the rationale of group decision-making[J]. Journal of political economy, 1948, 56(1): 23-34.

Black D. The decisions of a committee using a special majority[J]. Econometrica: Journal of the Econometric Society, 1948: 245-261.

竹田昌弘. 知る , 考える裁判員制度 [M]. 岩波書店 , 2008.

第 4 部分　不应尊重的多数意见

第 12 章　公平决定费用分摊

野村修也. 紙つぶて 多数決のパラドックス [N]. 東京新聞·中日新聞夕刊, 2014 年 2 月 19 日.

Littlechild S C, Owen G. A simple expression for the Shapley value in a special case[J]. Management Science, 1973, 20(3): 370-372.

Shapley L S. A value for n-person games[J]. Contributions to the Theory of Games, 1953, 2(28): 307-317.

van den Brink R, Funaki Y, Ju Y. Reconciling marginalism with egalitarianism: consistency, monotonicity, and implementation of egalitarian Shapley values[J]. Social Choice and Welfare, 2013, 40(3): 693-714.

第 13 章　"全体一致赞同的决斗"是否应当得到尊重

Mongin P. Spurious unanimity and the Pareto principle[J]. 2005.

Gilboa I, Samet D, Schmeidler D. Utilitarian aggregation of beliefs and tastes[J]. Journal of Political Economy, 2004, 112(4): 932-938.

第 14 章　个人自由与全体一致的对立

Mill J S. On liberty[M]. Longmans, Green, Reader, and Dyer, 1869.

Sen A. The impossibility of a Paretian liberal[J]. Journal of political economy, 1970, 78(1): 152-157.

鈴村興太郎. 社会的選択の理論·序説 [M]. 東洋経済新報社, 2012.

图书在版编目（CIP）数据

议事的科学 /（日）坂井丰贵著；程雨枫译 . -- 成都：四川人民出版社，2018.3
ISBN 978-7-220-10698-9

Ⅰ . ①议… Ⅱ . ①坂… ②程… Ⅲ . ①决策方法
Ⅳ . ① C934

中国版本图书馆 CIP 数据核字 (2018) 第 033098 号

四川省版权局
著作权合同登记号
图字：21-2018-66

YISHI DE KEXUE

议事的科学

著　　者	［日］坂井丰贵
译　　者	程雨枫
选题策划	后浪出版公司
出版统筹	吴兴元
特约编辑	李　峥
责任编辑	吴焕姣　杨雨霏　张　洁
装帧制造	墨白空间 · 陈威伸
营销推广	ONEBOOK
出版发行	四川人民出版社（成都槐树街 2 号）
网　　址	http://www.scpph.com
E - mail	scrmcbs@sina.com
印　　刷	天津翔远印刷有限公司
成品尺寸	143mm × 210mm
印　　张	6
字　　数	108 千
版　　次	2018 年 7 月第 1 版
印　　次	2018 年 7 月第 1 次
书　　号	978-7-220-10698-9
定　　价	36.00 元